Martin Leitgöb
Alfons von Liguori

Band 1 der Reihe „Spiritualität und Seelsorge", die von P. Martin Leitgöb und P. Hans Schalk im Auftrag der Ordensgemeinschaft der Redemptoristen herausgegeben wird.

MARTIN LEITGÖB

ALFONS VON LIGUORI

LEHRER DES **GEBETES** UND DER **BARMHERZIGKEIT**

Tyrolia-Verlag · Innsbruck-Wien

Mitglied der Verlagsgruppe „engagement“

Bibliografische Information Der Deutschen Nationalbibliothek
Die Deutsche Nationalbibliothek verzeichnet diese Publikation in der Deutschen Nationalbibliografie; detaillierte bibliografische Daten sind im Internet über http://dnb.d-nb.de abrufbar.

2010

Umschlaggestaltung: stadthaus 38, Innsbruck
Titelbild: © Museo Alfonsiano, Pagani, Italien
Layout und digitale Gestaltung: Tyrolia-Verlag, Innsbruck
Druck und Bindung: Alcione, Lavis (I)
ISBN 978-3-7022-3097-5
E-Mail: buchverlag@tyrolia.at
Internet: www.tyrolia-verlag.at

INHALT

VORWORT

Das vorliegende Buch über Alfons von Liguori ist zugleich der erste Band einer Schriftenreihe, die den Titel „Spiritualität und Seelsorge“ trägt. Diese Reihe wurde von der Ordensgemeinschaft der Redemptoristen initiiert und dem Verlag Tyrolia vorgeschlagen. Es sollen darin Themen publiziert werden, welche den Redemptoristen von ihrer spirituellen Grundausrichtung und ihrem seelsorglichen Engagement her am Herzen liegen.

Welche Motive stehen im Hintergrund? Zunächst und vor allem wollen die Redemptoristen und alle, die sich ihnen verbunden fühlen, durch diese Schriftenreihe dasjenige mit einer interessierten Öffentlichkeit teilen, was sie in ihrem eigenen Leben bewegt und wovon sie sich angespornt fühlen, den Menschen unserer heutigen Zeit zu dienen. Wer als Ordensmann bzw. als Ordensfrau von der Sinnhaftigkeit der eigenen Lebensform überzeugt ist, wird aus den Haltungen und Orientierungen, welche hinter dieser Lebensform stehen, keinen Hehl machen. In der heutigen Zeit haben die Klöster und Niederlassungen vieler Ordensgemeinschaften zumeist weit geöffnete Pforten für all jene, die echtes Interesse zeigen oder zumindest eine begründete Neugierde haben. Die Schriftenreihe „Spiritualität und Seelsorge“ ist gewissermaßen eine virtuelle offene Tür, verbunden mit der Einladung einzutreten, sich umzusehen und wahrzunehmen, wie das „redemptoristische Charisma“ in der Gegenwart gelebt und verwirklicht wird.

Eine zweite Motivation für diese Schriftenreihe liegt in der Bedeutung der beiden Themen „Spiritualität“ und „Seelsorge“. Beide haben in den christlichen Kirchen heute eine hohe Konjunktur und erleben zugleich eine große Krise. Viele fragen sich, wie sowohl der eine als auch der andere Bereich zu gestalten ist. Gemeinsam ist den beiden Themen, dass es in ihnen um diejenigen Menschen geht, die auf der einen Seite mit großen Hoffnungen ihr Leben nach geistigen und geistlichen Kategorien zu gestalten suchen, in dieser Suche aber vielfach hilflos sich selbst überlassen oder einem Wirrwarr von Meinungen und Lebensstilen ausgesetzt werden. Die kirchlich organisierte Seelsorge steht oft rat- und leider manchmal auch tatenlos vor dieser Situation oder ist den vielfältigen gesellschaftlichen, kulturellen und religiösen Umbrüchen nicht gewachsen. Mit den einzelnen Bänden der Schriftenreihe sollen einige Markierungs- bzw. Orientierungspunkte gesetzt werden, die – in aller Bescheidenheit – helfen können, das eine wie das andere Thema oder beide Themen in ihrer Wechselseitigkeit besser in den Blick zu bekommen. Die seit nunmehr immerhin schon fast dreihundert Jahren sich bewährt habende Ordenstradition der Redemptoristen kann Impulse für Einzelne, für Gruppen oder für kirchliche Handlungsträger geben, um sowohl dem Thema „Spiritualität“ wie auch dem Thema „Seelsorge“ Kontur und Farbe zu verleihen.

Ein Drittes schließlich: Die Redemptoristen sowie die ihnen verwandten Gemeinschaften und nicht zuletzt auch ihre Freunde und Mitarbeiter versuchen in ihrem Lebensstil beiden Bereichen gerecht zu werden. Es ist gerade das wechselseitige Miteinander von „Spiritualität“ und „Seelsorge“, welches für das redemptoristische Charisma kennzeichnend und prägend ist. Die mit diesem Band begonnene Schriftenreihe mag vor diesem Hintergrund auch ein Beitrag zur Selbstvergewisserung und zur dynamisch-kreativen Weitergestaltung sein. Verantwortet wird die Schriftenreihe von der Wiener und der Münchener Provinz der Redemptoristen. Zeitgleich mit diesem ersten Band erscheint noch ein zweiter von P. Hans Schalk, München, mit dem Titel „Erlöst leben. Die befreiende Botschaft Jesu“. Die weiteren Bände werden dann jeweils halbjährlich erscheinen. Gemeinsam mit P. Hans Schalk und meiner Person wurde die Schriftenreihe von einer kleinen Gruppe vorbereitet und konzipiert. Zu ihr gehörten noch P. Augustin Schmied, Gars am Inn, und P. Peter Koch, Würzburg. Ihnen sei an dieser Stelle herzlich gedankt, ebenso den Provinzialen der Redemptoristen in Wien und München, P. Lorenz Voith und P. Edmund Hipp, welche dem Projekt von Anfang an viel Sympathie schenkten, und schließlich Herrn Mag. Gottfried Kompatscher vom Verlag Tyrolia, der die Idee zur Veröffentlichung dieser Schriftenreihe freundlich aufnahm und für optimale Verwirklichungsbedingungen sorgte.

Wenn die Reihe „Spiritualität und Seelsorge“ mit einem Band über Alfons von Liguori eröffnet wird, so geschieht dies mit Bedacht. Die Ordensgemeinschaft der Redemptoristen verehrt diesen Heiligen als ihren Gründer. Das Zweite Vatikanische Konzil hatte in seinem Dekret über die Ordensleute unter anderem dazu aufgerufen, dass sich die religiösen Gemeinschaften in besonderer Weise mit ihrem Gründungscharisma beschäftigen sollten, um so Impulse für ihr Leben und Arbeiten in der Gegenwart zu gewinnen. Wie in vielen anderen Gemeinschaften ist dieser Auftrag auch bei den Redemptoristen in der Zeit nach dem Konzil mit großem Interesse wahrgenommen worden. Das Ergebnis war vor allem ein neues Wahrnehmen des eigentlichen Gründungszweckes, der in diesem Buch noch ausführlich erklärt werden wird. Des Weiteren hat man gelernt, die Gestalt Alfons von Liguoris zum einen nüchterner zu sehen und sie von den vielfältigen frommen Deutungsmustern früherer Zeiten zu befreien, zum anderen wurde das eigentliche theologische, geistliche und pastorale Potential dieses Mannes neu entdeckt.

Das vorliegende Buch nimmt Alfons von Liguori titelgemäß als „Lehrer des Gebetes und der Barmherzigkeit“ in den Blick, wobei aber auch zahlreiche weitere Facetten seiner Persönlichkeit und seines schriftstellerischen und seelsorglichen Schaffens beleuchtet werden. Gebet und Barmherzigkeit waren zwei zentrale Interessenspunkte des Heiligen, und sie treffen zugleich auch wichtige Bedürfnisse vieler Menschen in der Gegenwart. Alfons von Liguori wurde im Jahre 1871 mit dem Titel „Kirchenlehrer“ geehrt. Er erhielt diesen Titel damals vornehmlich wegen seiner moraltheologischen Schriften, die heute allerdings längst nicht mehr relevant sind, zumindest was ihre kasuistische Form angeht. Relevant sind dagegen nach wie vor seine zahlreichen geistlichen Werke, wenn auch diese in ihrer Sprachgestalt wie in manchen Inhalten genau überprüft werden müssen. Mir als Autor dieses Buches ging es deshalb hauptsächlich um die Herausarbeitung von Grundlinien im Denken und im seelsorglichen und apostolischen Wirken von Alfons. Selbstverständlich konnte und mochte ich mich in diesem Unterfangen des Blickwinkels von der Gegenwart her nicht erwehren, im Gegenteil: Dieser Blickwinkel wird in die Behandlung der verschiedenen Themen bewusst miteinbezogen. Nur so kann uns Alfons von Liguori auch heute noch etwas sagen.

Stützen konnte ich mich in meiner Arbeit auf viele Einzelstudien und auf einige wichtige Biographien. Sie sind im Literaturverzeichnis angeführt. Mein Buch versteht sich nicht eigentlich als eine Studie über Alfons von Liguori, sondern als eine kleine Einführung zu seiner Persönlichkeit, seinem Denken und Schaffen. Sie soll all jenen dienen, die den Heiligen entweder noch kaum kennen oder ihn unter vielleicht neuen Gesichtspunkten wieder kennenlernen wollen. Herzlich wünsche ich allen Lesern und Leserinnen Anregungen für ihr persönliches geistliches Leben, aber auch Visionsansätze für das Leben in der Kirche und den Gemeinden. Ich bedanke mich in besonderer Weise bei all jenen Mitbrüdern aus der Ordensgemeinschaft der Redemptoristen, die mir im Laufe der Jahre die Gestalt Alfons von Liguoris aus ihrer je persönlichen Betrachtungsweise heraus vermittelt haben. Nicht wenig davon ist in dieses Buch eingeflossen. Außerdem gilt mein Dank Frau Dr. Jasmine Wessely, die eine fleißige Korrekturleserin war, und Frau Mag. Brunhilde Steger, die als Verlagslektorin viel Geduld mit mir hatte.

P. Martin Leitgöb CSsR
Wien, im September 2010

BIOGRAPHIE

Jeder Mensch lebt in einem bestimmten zeitlichen Rahmen, aus dem er nicht heraustreten kann. Für Alfons von Liguori war dieser Lebensrahmen das 18. Jahrhundert: eine äußerst bewegte Zeit, geprägt von den großen geistigen Aufbrüchen der Aufklärung, von einer äußerst lebendigen kulturellen Atmosphäre, besonders was Musik und Bildende Kunst betrifft; zugleich aber eine Zeit mit außerordentlich starken gesellschaftlichen Zerklüftungen, von denen auch das religiöse und kirchliche Leben betroffen war. Es kann bereits an dieser Stelle gesagt werden, dass Alfons die Auseinandersetzung mit den geistigen, kulturellen und gesellschaftlichen Verhältnissen, wie sie sich ihm dargeboten hatten, aufnahm und versuchte, die Verhältnisse auf seine Weise und in seiner konkreten Lebenswelt umzuprägen. Um diese Einflussnahme auf seine Zeit und seine Umwelt in ihrer ganzen Dynamik zu erfassen, muss zunächst seine Biographie in den wesentlichen Grundlinien nacherzählt werden. Daraus werden sich auch erste Orientierungen ergeben, was seine Bedeutung als Theologe und Seelsorger, als „Lehrer des Gebetes und der Barmherzigkeit" ergibt.

KINDHEIT UND JUGEND

Alfonso Maria de Liguori – so der volle Name unseres Protagonisten – wurde am 27. September 1696 als Erstgeborener einer alteingesessenen neapolitanischen Familie geboren, welche der sogenannten „Nobiltà di piazza", also dem niederen Adel, angehörte. Sein Vater, Don Giuseppe Felice de Liguori-Mastrillo (1670–1745), war Offizier in der königlichen Marine von Neapel. Die Mutter, Donna Anna Catarina Angelica Cavalieri d'Avenia (1670–1755), war die Tochter eines hohen königlichen Beamten, mütterlicherseits entstammte sie einer spanischen Adelsfamilie. Die Familie de Liguori besaß einen großzügigen Palazzo in Neapel sowie das Landgut Marianella knapp außerhalb der Stadt. In der geräumigen Villa dieses Landgutes wurde Alfons geboren. Zwei Tage später wurde er in der im Stadtzentrum von Neapel gelegenen Kirche „Santa Maria delle Vergini" („Muttergottes der Jungfrauen") getauft.

Eine wesentliche Rolle für die Kindheit und Jugend von Alfons spielte die Tatsache, dass er der Erstgeborene seiner Eltern war. Es folgten nach ihm noch drei Brüder und vier Schwestern. Mit der Rolle des Stammhalters war die Erwartung verbunden, dass dieser nicht nur durch Heirat und Familiengründung die Linie seines Geschlechtes fortsetzte, sondern auch dem Namen und dem Titel des Geschlechtes weitere Ehre verschaffte. Der Erstgeborene einer Familie war in der Regel auch der Haupterbe seiner Eltern.

Alfons war zart und eher schwächlich an Körper und Gesundheit, jedoch außergewöhnlich begabt. Sein Vater, gegenüber dem er eine gewisse Ängstlichkeit in sich trug, setzte alles daran, ihm eine Förderung zuteilwerden zu lassen, die der herausragenden Begabung entsprach. Der Knabe sollte später eine glanzvolle Karriere machen und auf diese entsprechend vorbereitet werden. Don Giuseppe de Liguori hatte im Sinn, dass sein Sohn entweder wie er selbst hochrangiger Marineoffizier werde oder eine Laufbahn als Jurist einschlage. Durch Hauslehrer und Erzieher sollte das Kind Bildung in großem Stil erhalten. Neben den üblichen Fächern gehörte dazu auch die Kenntnis von Fremdsprachen. Alfons erhielt regelmäßigen Unterricht in Französisch, Spanisch, Lateinisch und Altgriechisch. Das Lernen war dem Knaben allerdings keine lästige Pflicht, sondern eine Leichtigkeit. Alfons war ein Musterschüler und bereitete seinen Eltern Genugtuung in ihren Erwartungen.

Don Giuseppe de Liguori förderte aber nicht nur die Geisteskräfte seines Sohnes. Es lag ihm auch daran, seinem Sohn einen gewissen Charakter anzuerziehen, welcher dem Verhaltens- und Ehrenkodex der damaligen adeligen Gesellschaft entsprach. Um seinen Sohn psychisch und körperlich auf spätere Herausforderungen und Aufgaben vorzubereiten, zwang er ihn beispielsweise einmal in der Woche auf dem nackten Fußboden zu schlafen. Nicht zuletzt lag es dem Vater sehr daran, dass sein Sohn sich auch eine gewisse künstlerische Kompetenz aneigne. Zur Rolle des Edelmanns in der damaligen Gesellschaft gehörten Fähigkeiten auf den Gebieten der Architektur, der Malerei und der Musik. So wurde Alfons in die Schule des bekannten Malers Francesco Solimena (1657–1747) geschickt. Für den Musikunterricht wurde der berühmte neapolitanische Komponist Gaetano Greco (1657–1728) ausgewählt. Alfons musste als Knabe täglich bis zu drei Stunden am Cembalo üben. Mit zwölf Jahren war er bereits ein kleiner Virtuose auf diesem Instrument.

Für die seelische und religiöse Entwicklung von Alfons war seine Mutter von entscheidender Bedeutung. Donna Anna de Liguori hatte früh ihre eigene Mutter verloren und war deswegen als Mädchen in einem von Ordensfrauen geführten Internat aufgewachsen. Sie war eine sehr fromme, zugleich aber überaus ängstliche Frau, die neben ihrem üblichen Gebetspensum täglich eine längere Zeit für das stille, betrachtende Gebet verwendete. Auch das Fasten und andere aszetische Übungen hatten bei ihr einen hohen Stellenwert. Am gesellschaftlichen Leben des neapolitanischen Adels nahm sie nur wenig teil. Für Alfons hatte der erzieherische Einfluss der Mutter positive und negative Folgen. Wenn er zeit seines Lebens an manchmal geradezu krankhaften Sündenängsten und an einer neurotischen Skrupulosität litt, so kam ein guter Teil dieser Veranlagung gerade von ihrer Seite her. Auf der anderen Seite verdankte Alfons seiner Mutter seine frühe Neigung zu Gebet und Frömmigkeit. Kaum konnte er lesen, hatte sie ihm eigenhändig eine kleine Gebetsfibel verfasst, die er selbst im hohen Alter noch benützte. Auch seine Vorliebe für den Rosenkranz und andere Frömmigkeitsformen ging auf die Mutter zurück.

Auch Don Giuseppe de Liguori war um Glauben und Gebet bemüht. Gemäß seiner angeborenen Strenge zu sich selbst und zu anderen, die durch die militärische Berufslaufbahn noch verstärkt worden war, führte er ein diszipliniertes religiöses Leben, zu dem auch die regelmäßige Teilnahme an Exerzitien und Einkehrtagen gehörte. Eine besondere Hinneigung hatte er zur Gestalt des leidenden Christus. In der Offizierskabine seines Admiralsschiffes befanden sich vier etwa 50 Zentimeter hohe Holzfiguren, die Christus in seiner Passion darstellten. In der Gedankenwelt des späteren Theologen, geistlichen Schriftstellers und Seelsorgers Alfons von Liguori sollte gerade diese Thematik eine wichtige Rolle spielen. Davon wird noch ausführlich die Rede sein.

Im Alter von sieben Jahren wurde Alfons, was seine religiös-geistliche Entwicklung betrifft, der besonderen Sorge des Priesters Tommaso Pagano (1671–1755) anvertraut. Dieser war der Seelenführer und Beichtvater seiner Mutter und gehörte der von Filippo Neri (1515–1595) gegründeten Gemeinschaft der Oratorianer an. Die Gemeinschaft war bekannt für ihre Predigten und Andachten und hatte sich in besonderer Weise dem seelsorglichen Dienst an der Jugend verschrieben. Alfons blieb mit Tommaso Pagano während der nächsten dreißig Jahre eng verbunden. Er besprach mit ihm alle Probleme und inneren Schwierigkeiten und holte dessen Rat, ja dessen Weisung vor allen wichtigen Entscheidungen ein. Dass ein Seelenführer eine solch starke Rolle für das innere und äußere Leben eines Menschen ausübte, war in der damaligen Zeit nichts Außergewöhnliches. Gewiss konnte diese Funktion auch missbraucht werden. Sie konnte aber ebenso von hohem Nutzen sein, und zwar dann, wenn der Seelenführer ein wirkliches Charisma zur geistlichen Leitung hatte und seine Weisungen auf eigenen Erfahrungen und auf großer Menschlichkeit beruhten. Dies war bei Tommaso Pagano der Fall.

Kirchlich war Alfons seit seiner Kindheit und Jugend in die verschiedensten religiösen Vereinigungen und Bruderschaften eingebunden. In solchen Gruppierungen beheimatet zu sein, war damals wichtiger als die aktive Zugehörigkeit und Mitwirkung in einer Pfarrei. So wurde er bereits als Neunjähriger in die von den Oratorianern geführte „Bruderschaft der jungen Adeligen" aufgenommen. Sowohl Gebet und Katechese, aber auch das Zusammensein unter Freunden und das Spiel wurden dort gepflegt – eine nicht unwesentliche Grundlage für das affektive Heranreifen eines jungen Menschen.

JURISTENLAUFBAHN

Schon mit zwölf Jahren besaß Alfons die entsprechenden Qualifikationen für das Studium an der Universität. Es war in der Zwischenzeit deutlich geworden, dass er für eine Laufbahn bei der Marine nicht geeignet war. So entschied der Vater, dass sein Sohn Jurist werden solle. Alfons begann im Jahre 1708 das Studium der Rechtswissenschaften. Neapel war damals wie heute ein wichtiges Zentrum dieser Disziplin. Die Universität der Stadt gehörte zudem zu den bedeutendsten und ältesten Bildungsstätten in Europa und wurde auch von jungen Adelssöhnen aus dem Gebiet nördlich der Alpen im Rahmen ihrer Bildungsreisen nach Italien gerne aufgesucht. Seine Aufnahmeprüfung an der Universität absolvierte Alfons bei einem der berühmtesten Gelehrten seiner Zeit, Giambattista Vico (1668–1744).

Die Erwartungen des Vaters an den jungen Studenten waren sehr hoch. Er räumte ihm nur wenig Möglichkeit für Freizeit, Spiel und Sport ein. Dennoch nahm Alfons am kulturellen und gesellschaftlichen Leben der Adelsfamilien seiner Heimatstadt teil. Er begeisterte sich für Theater und Musik und kam mit den verschiedensten geistigen Strömungen seiner Zeit in Berührung.

Ungewöhnlich jung, nämlich mit sechzehn Jahren, schloss Alfons am 21. Januar 1713 sein Studium mit der Promotion zum „Doktor beider Rechte", also des kirchlichen wie des zivilen Rechtes, ab. Es gelang ihm dabei, die bestmögliche Bewertung zu erzielen: „Summo cum honore maximisque laudibus et admiratione". Aufgrund seines jugendlichen Alters war sogar eine königliche Ausnahmegenehmigung notwendig gewesen, um zu den entsprechenden Examina zugelassen werden zu können. Es folgten zwei Jahre der Einführung in die Praxis. Acht Jahre übte er anschließend den Beruf des Rechtsanwalts überaus erfolgreich aus. Wegen seiner Intelligenz und seiner Redekunst war er einer der gesuchtesten Vertreter des Advokatenstandes in seiner Heimatstadt. Außerdem hatte er durch sein Talent und seine adelige Herkunft gute Kontakte zu wichtigen staatlichen Stellen im Königreich Neapel.

Parallel zu seiner beruflichen Tätigkeit engagierte sich Alfons in jenen Jahren, wie es der gesellschaftlichen Erwartung an ihn entsprach, im kirchlichen und sozialen Bereich. Es war Brauch, dass die Jugendlichen und jungen Erwachsenen aus wohlhabenden Familien mildtätige Dienste an den Armen der Stadt verrichteten. Im Alter von neunzehn Jahren wechselte Alfons von der „Bruderschaft der jungen Adeligen" in die „Bruderschaft der Doktoren". Eine der Aufgaben dieser Vereinigung war die Betreuung Schwerkranker und Sterbender im damals größten Siechenhaus Neapels, dem sogenannten „Ospedale degli incurabili“ („Hospital der Unheilbaren“). Man kann sich diese Arbeit nicht konkret genug vorstellen: Alfons gab den Kranken zu essen, er machte Betten, pflegte Geschwüre und Ausschläge, wusch die Sterbenden und Leichen. Die Familie de Liguori selbst gehörte der „Bruderschaft der Barmherzigkeit“ an, welche sich zur Aufgabe gemacht hatte, die toten Angehörigen solcher Familien zu begraben, die selbst kein Geld dafür aufbringen konnten. Die Bruderschaft unterhielt auch ein Haus, in dem Pilger und arme Priester umsonst Unterkunft fanden, und sie kümmerte sich um Priester, welche im Gefängnis saßen.

Sowohl was die berufliche Laufbahn seines Sohnes als auch was dessen gesellschaftliche Aktivität betraf, verlief vorerst alles zur Zufriedenheit von Don Giuseppe de Liguori. Natürlich schmiedete dieser auch Heiratspläne für seinen Erstgeborenen. Die entsprechenden Ambitionen von Alfons waren allerdings gering. Er besuchte regelmäßig Exerzitien und Einkehrtage, beschäftigte sich viel mit religiösen Themen und hatte eigentlich für sich beschlossen, nicht in den Ehestand treten zu wollen. Gelegentlich führte diese Absicht zu unangenehmen Situationen auf den Festen der adeligen Gesellschaft, bei denen gerade vom Erstgeborenen einer Familie erwartet wurde, sich nach einer künftigen Gemahlin umzusehen. So begann eine schleichende Entzweiung mit dem übermächtigen Vater, der zunächst noch wenig von den großen Idealen seines Sohnes ahnte.

EINE ERSTE LEBENSWENDE

Bis 1723 verlor Alfons keinen einzigen Prozess. Doch dann erlebte der talentierte Jurist eine unerwartete Niederlage. In einem Lehensstreit hatte er den Herzog von Gravina aus dem Geschlecht der Orsini gegen einen der mächtigsten Männer Italiens, den Großherzog der Toskana, Cosimo III. de Medici

(1642–1723), zu vertreten. Letzterer war in der Streitsache nicht zuletzt von den österreichischen Habsburgern unterstützt worden. Die Verhältnisse in dieser Angelegenheit waren also von Anfang an ungleichgewichtig. Der Prozess ging für die Mandantschaft des bisher gefeierten Advokaten Alfons von Liguori ungünstig aus, weil – so die gängige Begründung in den meisten Biographien – Bestechung im Spiel war und die Richter sich wider besseren Wissens der Macht der Habsburger beugten. Alfons war aufs tiefste gedemütigt und beschämt. Nach dem für ihn enttäuschenden und niederschmetternden Richterspruch soll er den Gerichtssaal mit den Worten verlassen haben: „Welt, ich kenne dich jetzt! Gerichtssäle, addio – auf Nimmerwiedersehen!“ Sein Beschluss, den bisherigen Beruf aufzugeben, war unumstößlich, auch wenn ihm der oberste Gerichtspräsident versicherte, dass er auch weiterhin glänzende Berufsaussichten habe, und ihn auch andere Kollegen und Freunde drängten, sein bisheriges berufliches Leben fortzusetzen.

In jenen bitteren Tagen und Wochen, die er teilweise eingeschlossen in seinem Zimmer im elterlichen Palazzo verbrachte, fand im Inneren von Alfons eine für seinen weiteren Lebensweg entscheidende Wende statt. Er erkannte die Vergänglichkeit des weltlichen Ruhmes und sah sich zugleich mit der Tatsache konfrontiert, dass auch die besten Talente kein hinreichendes Fundament für Lebensglück und Zufriedenheit bilden. So reifte sein Entschluss, das Streben nach weltlicher Ehre und beruflichem Erfolg aufzugeben und sich intensiver als bisher Gott anzuvertrauen und sich ihm zur Verfügung zu stellen.

Rund zwei Monate nach dem verloren gegangenen Prozess hatte Alfons im Spital der Unheilbaren ein Erlebnis, welches die bereits eingetretene Wende seines Lebens vervollständigte und unumkehrbar machte. Es war ein „Berufungserlebnis“, wie man heute sagen würde. Alfons empfand sich inmitten der Kranken und Pflegebedürftigen von einem hellen Licht umflutet. Das ganze Haus spürte er erzittern. Dann vermeinte er eine Stimme zu hören, welche ihm sagte: „Lass die Welt und schenk dich mir!“ Beim Ausgang auf der Stiege sollen sich die gleichen Ereignisse noch einmal wiederholt haben. Alfons begab sich daraufhin vom Spital in die Kirche „Santa Maria delle Mercede“ („Maria vom Loskauf der Gefangenen“). Vor dem Gnadenbild der Madonna betete er um die Kraft und Bereitschaft, dem Willen Gottes entsprechen zu können. Dann legte er in einer symbolreichen Geste den Degen, das Zeichen seiner adeligen Herkunft, auf den Altar. Alfons hatte damals übrigens bereits vor geraumer Zeit den Beschluss gefasst, auf sein Erstgeburtsrecht zu verzichten. Die entsprechende Urkunde unterzeichnete er allerdings erst im Jahre 1727.

Gegen den entschiedenen Willen seines Vaters, der zornig und gekränkt eine Zeit lang sogar das Gespräch mit seinem Sohn abbrach, entschloss sich Alfons, Priester zu werden und das Theologiestudium zu beginnen. Der Gedanke an das Priestertum war für ihn nicht ganz neu, schon gelegentlich hatte er ihn erwogen. Es war allerdings ganz offensichtlich der entsprechende „Kairós“ notwendig gewesen, also der richtige und günstige Augenblick, der nie erstrebt werden kann, sondern einem immer nur geschenkt wird – manchmal gerade durch eine deprimierende, schwer zu akzeptierende Situation, wie sie sich für Alfons aus der Tatsache ergeben hatte, dass sein Ehrgefühl als junger, aufstrebender Advokat nachhaltig angeschlagen war. Er hatte diesen Kairós nicht verstreichen lassen, sondern ihn genutzt und einen bisher eher vagen Gedanken in eine konkrete Entscheidung umgewandelt. Dass bei dieser Entscheidung auch die erleuchtende Gnade Gottes im Spiel war, wie er sie zeichenhaft im Spital der Unheilbaren erfahren hatte, war ihm Hilfe und Bestätigung zugleich. Die große Gefahr in jenen Monaten bestand für Alfons darin – wie für jeden Menschen, der Misserfolge erlebt –, sich in seiner Enttäuschung und Bitterkeit einzukapseln. Durch den Ruf Gottes und seine eigene

Bereitschaft, auf diesen Ruf zu hören und ihm zu folgen, war es ihm gelungen, sich gegen diese Gefahr zur Wehr zu setzen.

Der nunmehrige Student der Theologie wohnte weiterhin im Hause seiner Eltern und wurde von der Mutter in seinem Ansinnen, Priester zu werden, unterstützt. In den theologischen Fächern erwies er sich erneut als denkerisch hochbegabt. Neben seinem Studium schloss sich Alfons einer Gemeinschaft von Priestern und Priesteramtskandidaten an, der sogenannten „Kongregation der apostolischen Missionare". Zu dieser Gemeinschaft gehörte eine Anzahl von engagierten Vertretern des neapolitanischen Klerus, Männer mit hohen seelsorglichen und geistlichen Idealen, es handelte sich um eine geistliche Elitegruppe. Mit dieser Gruppe hielt Alfons Katechesen für Kinder und Jugendliche. Ebenso beteiligte er sich an den sogenannten Volksmissionen, welche er in späterer Zeit für die von ihm gegründete Kongregation der Redemptoristen adaptieren und ausbauen sollte. Noch einer weiteren Vereinigung trat Alfons in diesen Jahren bei: den „Bianchi della giustizia" („Weiße Brüder der Gerechtigkeit"), welche zum Tode verurteilte Häftlinge zur Hinrichtung begleiteten, für ihr Begräbnis sorgten und sich um die Hinterbliebenen kümmerten, nicht zuletzt auch, was deren materielle Wohlfahrt betraf. Immer stärker entwickelte der nunmehrige Theologe also ein echtes seelsorgliches Engagement und eine große Sensibilität für Menschen in extremen Notsituationen.

PRIESTERJAHRE IN NEAPEL

Am 21. Dezember 1726 erhielt Alfons von Liguori in der Kathedrale von Neapel die Priesterweihe. Es folgten zunächst Jahre der seelsorglichen Tätigkeit in seiner Heimatstadt. Er widmete sich vor allem der Aufgabe der Verkündigung in Predigt und Katechese, war aber darin nicht an eine feste Pfarrei oder an eine bestimmte Kirche gebunden.

Mit einer Gruppe von Priestern und zahlreichen Laien veranstaltete er sogenannte „Capelle serotine“ (wörtlich übersetzt: „Abendkapellen“). Bei diesen Veranstaltungen wurde den Menschen das Wort Gottes verkündet und die Wahrheiten des Glaubens erklärt, zudem wurde miteinander gebetet und gesungen. Die Versammlungen konnten nahezu überall stattfinden: an einer Straßenecke, auf einem Marktplatz, in einer Werkstätte, im Hinterzimmer eines Barbiers oder in einem verwahrlosten Kirchengebäude. Im Grunde handelte es sich um eine Art Wohnviertelapostolat, bei welchem neben der religiösen Belehrung und Erbauung auch die Verbesserung der zwischenmenschlichen Kontakte eine wichtige Rolle spielte. Wichtig war, dass die Zusammenkünfte abseits der üblichen kirchlichen Handlungsorte stattfanden. Die Menschen sollten in ihrer gewohnten Lebensumgebung Erfahrungen des Glaubens und der kirchlichen Gemeinschaft machen können. Zudem war es Alfons und seinen Mitstreitern wichtig, dass die Zusammenkünfte nicht bloß in städtischen Zentrallagen, sondern auch an den Peripherien stattfanden. So kamen vor allem die Armen und Benachteiligten stark in den Blick. Dies sollte seine seelsorgliche Perspektive auch später prägen.

Verächtlich wurden die Ärmsten der Armen in Neapel von den besseren Kreisen als „Lazzaroni“ beschimpft. Das Wort leitet sich von der Figur des armen Lazarus im Lukasevangelium ab (Lk 16,20–31). Nicht wenige fürchteten sich aber vor diesen mittellosen Menschen. Man sah in ihnen potentielle Aufständische, welche nicht nur den Reichtum der Bürger und Adeligen gefährdeten, sondern auch das Gefüge zwischen Oben und Unten durcheinanderbringen konnten. Neapel war damals nach London und Paris die drittgrößte Stadt Europas und zählte rund 220 000, nach anderen Schätzungen 300 000 Einwohner, von ihnen gehörten etwa 30 000 Menschen der Gruppe der Lazzaroni an. Es ist bemerkenswert, dass gerade sie zu den bevorzugten Zielgruppen der Seelsorge von Alfons gehörten. Priester mit vornehmer Herkunft, deren es in Neapel viele gab, hatten nämlich in der Regel wenig Kontakt mit den Angehörigen der untersten Bevölkerungsschichten. Sie kamen aus ihren Kreisen kaum hinaus, wirkten als Hausgeistliche oder Privatlehrer in Adelsfamilien oder konzentrierten sich auf schöngeistige Tätigkeiten.

Alfons war in dieser Zeit auch weiterhin Mitglied der Kongregation der apostolischen Missionare, welcher er sich bereits als Theologiestudent angeschlossen hatte, und wirkte immer wieder an Volksmissionen mit, die von den Mitgliedern dieser Kongregation abgehalten wurden. Um sich ganz der Seelsorge widmen zu können und nicht mehr an die Schranken seiner familiären Herkunft gebunden zu sein, übersiedelte er nach den ersten drei Jahren seiner priesterlichen Tätigkeit aus dem väterlichen Palazzo in das sogenannte „Kolleg der Chinesen“. Dieses Kolleg gehörte – wie der Name sagt – einer Gemeinschaft von Chinamissionaren, deren bekanntester Matteo Ripa (1682–1746) war. Es wurden aber auch immer wieder andere Geistliche in das Kolleg aufgenommen.

Mit dem Auszug aus dem Elternhaus vollzog Alfons einen persönlichen Exodus und brachte damit seine innere und äußere Lebenswende zu einem vorläufigen Abschluss. Sein Leben hatte nun endgültig jene Richtung gefunden, die für alles weitere bestimmend bleiben sollte. Die Emanzipation von den Erwartungen, die man an ihn in der Kindheit und Jugendzeit herangetragen hatte, war vollbracht. Alfons empfand sich nun ganz frei für den Dienst im Namen Gottes an den Menschen. Gleichzeitig waren damit freilich nicht alle Fragen beseitigt. So hatte etwa gerade der Kontakt mit den Chinamissionaren einen Anstoß für die Überlegung gegeben, ob nicht die Heidenmission auf anderen Kontinenten noch eine viel wichtigere Herausforderung wäre. Im Hintergrund dieser Überlegung stand der Gedanke, dass einem Menschen, wenn er Christus nicht kennt und nicht der Kirche angehört, schwerlich das Heil Gottes zuteilwerden könne. Theologisch wurde dieser Gedanke über Jahrhunderte hindurch mit dem Satz „Extra ecclesiam nulla salus“ begründet: Außerhalb der Kirche sei kein Heil zu finden. Alfons sah sich also, obwohl er bisher einen bemerkenswerten Weg gegangen war, auch weiterhin vor Fragen gestellt.

DIE „ZWEITE BEKEHRUNG“

Ein eingeschlagener geistlicher Weg bedarf der immer neuen Überprüfung, Konkretisierung und Vertiefung, mitunter auch der Korrektur. Als „zweite Bekehrung“ bezeichnet man in der spirituellen Tradition der Kirche, wenn jemand seine ursprünglich getroffene Glaubens- und Lebensentscheidung nach einer Phase der Eingewöhnung und Konsolidierung zu einer noch größeren Eindeutigkeit und Ganzheitlichkeit führt. Wie die erste Entscheidung hat auch die zweite eine innere und eine äußere Dimension, das heißt, sie hängt mit bestimmten seelisch-geistlichen Erfahrungen zusammen und drückt sich in einer neuen Weise der Lebensgestaltung sowie im Aufnehmen neuer Herausforderungen aus.

Alfons von Liguori erlebte den Vorgang der zweiten Bekehrung relativ bald, nicht einmal ein halbes Jahrzehnt nach seiner Priesterweihe. Am Beginn stand – man würde heute sagen – ein „Burn-out“. Ende 1729 war in Neapel eine Epidemie ausgebrochen. Die Kongregation der apostolischen Missionare sagte alle vorgesehenen Volksmissionen ab, um den Kranken und Sterbenden in der Stadt beizustehen. Auch Alfons war rastlos unterwegs. In den ersten Monaten des Jahres 1730 holte man dann die abgesagten Volksmissionen nach. Wieder war Alfons ununterbrochen im Einsatz. Völlig erschöpft und schwer krank kehrte er im Mai in das Kolleg der Chinesen zurück. Nach der Genesung verordneten ihm die behandelnden Ärzte eine Erholungszeit.

Zusammen mit fünf Freunden begab sich Alfons in die kleine malerische Stadt Scala, hoch über der berühmten Küste von Amalfi. Über Scala hinaus führte der Weg zu einem auf etwa tausend Meter über dem Meer gelegenen kleinen Marienheiligtum, „Santa Maria dei Monti“ („Muttergottes auf den Bergen“). In der dazugehörigen Einsiedelei ließ sich die kleine Gruppe nieder. Bald lernte Alfons die in dieser Gegend lebende Landbevölkerung kennen, vor allem jene Hirten, Tagelöhner und Kleinbauern, die kaum das Nötigste zum Leben hatten und auch von der kirchlichen Seelsorge vernachlässigt waren. Es bestand für diese Menschen kaum die Möglichkeit, die Sakramente zu empfangen. Ebenfalls mangelte es an einer einigermaßen geordneten Glaubensverkündigung unter diesen armen Leuten. Sie waren – nicht nur, was ihre Bildung betraf, sondern auch in religiöser und sittlicher Hinsicht – Analphabeten. Alfons wurde von ihrer Not tief ergriffen. Hatte er sich bereits bisher allmählich aus dem Gefüge der Reichen und Mächtigen gelöst, um den einfachen Bevölkerungsschichten in Neapel beizustehen, so erschloss sich ihm hier ein neues seelsorgliches Feld, eine neue Aufgabe, eine neue drängende Herausforderung. Er spürte einen konkreten Ruf Gottes und wurde nicht mehr losgelassen von dem Gedanken, diesem Ruf gemeinsam mit Gleichgesinnten zu entsprechen.

Zusammen mit dieser Erfahrung wurde Alfons in jener Zeit noch von einem anderen Vorgang beeinflusst. Nach seinem ersten Besuch in Scala kehrte er noch weitere Male in diese Gegend zurück. Er wurde unter anderem eingeladen, in der Domkirche der Stadt zu predigen und in einem Kloster von beschaulichen Ordensschwestern Exerzitien zu halten. Eine dieser Schwestern, Maria Celeste Crostarosa (1696–1755), behauptete, in einer Christusvision eine neue Lebensregel für ihren Konvent empfangen zu haben. Die Gemeinschaft war in Aufruhr. Alfons wurde daraufhin beauftragt, sich der Angelegenheit anzunehmen und die übernatürlichen Eingebungen von Crostarosa zu überprüfen. Er sprach sich für deren Echtheit aus. So wurde mit Zustimmung des Bischofs von Scala und des geistlichen Leiters des Klosters, Tommaso Falcoia (1663–1743, seit 1730 Bischof der Stadt Castellammare), eines Freundes von Alfons, der bisherige Schwesternkonvent von Scala in einen neuen Orden umgewandelt, der den Namen „Ordo Sanctissimi Redemptoris" („Orden vom Heiligsten Erlöser") trug. Dies geschah zu Pfingsten 1731.

Doch damit nicht genug: Maria Celeste Crostarosa behauptete einige Zeit später, neuerliche Visionen zu haben. Am 3. Oktober 1731 sah sie, wie sie sagte, Christus und bei ihm Franz von Assisi und Alfons. Mit der Vision zusammen erhielt sie die Prophezeiung, dass Alfons der Leiter einer neuen Priestergemeinschaft werden solle. Es sei der Wille Gottes, dass die Mitglieder dieser Vereinigung der armen Landbevölkerung im Königreich Neapel das Evangelium verkünden sollten.

Alfons war hin und her gerissen. Einerseits sah er in dem, was Crostarosa sagte, eine Bestätigung seiner eigenen Sehnsucht. Andererseits fühlte er sich zu schwach, eine Gemeinschaft um sich zu sammeln und mit der angestrebten apostolischen Aufgabe konkret zu beginnen. Es setzten quälende Wochen des Suchens nach dem wirklichen Anspruch des göttlichen Willens ein. Hinzu kam, dass ihn viele Freunde in Neapel bestürmten zu bleiben, wo er bisher war, und zu machen, was er bisher tat. Schließlich gab es auch Spötter, welche sich darüber lustig machten, dass Alfons einer schwärmerischen Nonne zum Opfer gefallen sei und sich von dieser habe verrückt machen lassen. Nur mit Hilfe seines Seelenführers Tommaso Pagano gelang es Alfons durch das Dickicht der Fragen und Zweifel zu finden. Der Rat dieses Priesters und väterlichen Freundes und manch anderer enger Freunde und Wegbegleiter führte schließlich zur Entscheidung, die Gründung einer neuen Priestergemeinschaft anzugehen und sich der Nöte der armen und verlassenen Menschen auf dem Lande nun wirklich anzunehmen. Für ihn selbst bedeutete diese Entscheidung einen Exodus aus seiner Heimatstadt Neapel und zugleich einen endgültigen Bruch mit jener sozialen Ordnung, aus der er stammte. Neuerlich – nun allerdings zum letzten Mal – wehrte sich sein Vater gegen die ihm als zu eigenwillig erscheinenden Pläne des Sohnes, doch wie bisher ohne Erfolg.

DIE KONGREGATION DER REDEMPTORISTEN

Am 9. November 1732 war es so weit. Alfons von Liguori befand sich zusammen mit fünf Gefährten, vier Priestern und einem Laien, in Scala, um das Werk zu beginnen. Einzeln legten sie das Gelübde ab, Jesus Christus nachzufolgen, seine Tugenden nachzuahmen und den Armen das Evangelium zu verkünden. Als Namen für die Gemeinschaft hatte man zunächst ausgewählt: „Congregatio Sanctissimi Salvatoris", „Kongregation vom Heiligsten Heiland". Bei der Gründung anwesend war auch Tommaso Falcoia. Dieser war als Freund von Alfons einer der maßgeblichen Unterstützer der Gründung der neuen Priestergemeinschaft und hatte in den ersten Jahren auch die Rolle ihres kirchenrechtlichen Leiters inne, obwohl er selbst nicht Mitglied war.

Die erste Zeit war mühsam. Die Mitglieder der Gemeinschaft lebten im Gästehaus des Schwesternkonvents in ärmlichen Verhältnissen. Sie hatten auch große Schwierigkeiten, sich über die konkrete Ausrichtung und Gestaltung des gemeinschaftlichen Lebens zu einigen, denn jeder von ihnen hatte diesbezüglich seine eigenen Ideen und Vorstellungen. So kam es schließlich zum Bruch zwischen Alfons und seinen ersten Gefährten. Schon im April 1733, also erst einige Monate nach der Gründung, stand er fast wieder alleine da. Es bedurfte damals aller Vertrauenskraft, um an die Richtigkeit des eingeschlagenen Weges zu glauben. Es schlossen sich jedoch auch neue Männer an.

Die Hauptaufgabe der neuen Gemeinschaft war die Abhaltung von Volksmissionen. Man ging dazu zunächst in die Ortschaften der angrenzenden Täler. Aufgrund des Einfallsreichtums und der Überzeugungskraft in der seelsorglichen Arbeit kamen bald auch Anfragen von Bischöfen verschiedener Diözesen. An Arbeit mangelte es also nicht. So hatte die Gemeinschaft dringenden Bedarf an neuen Mitgliedern. Doch das Wachstum geschah zunächst nur langsam. Immer wieder gingen einzelne Mitglieder weg, weil ihnen das Leben unter den bescheidenen Umständen zu hart war. Alfons erwartete sich von seinen Gefährten strenge Disziplin. Außerdem sollte die Gemeinschaft seinem Willen gemäß genauso wie das Volk in Armut leben. Es kam auch oft vor, dass die Herkunftsfamilien auf die neuen Mitglieder Druck ausübten, damit diese wieder nach Hause zurückkehrten. Vor diesem Hintergrund wurde im Jahre 1740 der sogenannte „Eid der Beharrlichkeit“ eingeführt. Die Mitglieder sollten sich damit verpflichten, dauerhaft bei der Gemeinschaft zu bleiben.

Von Beginn an wurde in Erwägung gezogen, auch Klöster in anderen Teilen des Königreichs Neapel zu gründen, um von dort aus ebenfalls Volksmissionen zu halten. Zudem erkannte man 1736 die Nachteile, welche die kleine Niederlassung in Scala mit sich brachte. Die Stadt war entlegen und schwer zu erreichen, außerdem war die Umgebung nur dünn bevölkert. Eine erste Niederlassung in Villa dei Schiavi musste nach wenigen Jahren aufgrund diverser Schwierigkeiten wieder geschlossen werden. Mit Unterstützung der adeligen Familie eines Mitgliedes der Gemeinschaft, Gennaro Sarnelli (1702–1744), entstand 1736 ein Kloster in Ciorani, für welches Alfons selbst die Pläne entwarf. Dort fand 1743 auch das erste Generalkapitel der Kongregation statt. Nachdem der bisherige Leiter Tommaso Falcoia verstorben war, wurde nun

Alfons von Liguori selbst gegen seine eigenen Bedenken zum Generaloberen gewählt. Weitere Niederlassungen kamen im Laufe der Jahre in Pagani, Deliceto und Materdomini hinzu. Oftmals leistete der ortsansässige Klerus gegen die Errichtung von Klöstern erbitterten Widerstand, weil er sowohl den Verlust von Einnahmen als auch einen zu großen Einfluss der Patres auf die Bevölkerung fürchtete.

Zur offiziellen kirchenrechtlichen Anerkennung der Gemeinschaft kam es am 25. Februar 1749, als Papst Benedikt XIV. (Prospero Lambertini, Papst 1740–1758) die von Alfons vorgelegte Regel bestätigte. Seit damals nannte sich die Gemeinschaft „Congregatio Sanctissimi Redemptoris", „Kongregation vom Heiligsten Erlöser", Redemptoristen. Von der vollen lateinischen Bezeichnung der Kongregation stammt übrigens auch das bis heute gebräuchliche Ordenskürzel CSsR. Die ursprüngliche Bezeichnung „Kongregation vom Heiligsten Heiland" hatte der Heilige Stuhl abgelehnt, weil er bereits an eine andere Gemeinschaft vergeben war.

In der damaligen Zeit brauchte es neben der kirchenrechtlichen Anerkennung auch die staatliche seitens der jeweiligen politischen Herrschaft, im Falle der Redemptoristen also seitens des Königs von Neapel. Doch der Weg zu dieser Anerkennung war noch weit und sollte erst Jahrzehnte später an sein Ziel kommen. Mit der päpstlichen Anerkennung war hingegen der Weg für die Ausbreitung der Kongregation über Süd- und Mittelitalien frei. Zunächst erfolgten Niederlassungsgründungen auf Sizilien, später in der päpstlichen Herrschaft Benevent, schließlich auch im vom Papst regierten Kirchenstaat. Auch das personelle Wachstum verlief nun rascher als früher. Anfang der 1760er Jahre zählte die Kongregation bereits an die 130 Mitglieder. Die Zähigkeit und Ausdauer von Alfons sowie die innere Überzeugung von der Richtigkeit seiner Idee hatten also allmählich zum Erfolg geführt.

BISCHOF WIDER WILLEN

Beim ersten Generalkapitel der Kongregation in Ciorani hatten sich die Mitglieder verpflichtet, außerhalb der Gemeinschaft keine Würden und Titel anzunehmen. Alfons selbst hatte eine Abscheu gegen das in der Kirche verbreitete Streben nach Karriere. Es widersprach seiner persönlichen Entscheidung, den Armen in bevorzugter Weise dienen zu wollen. Wenn er im Laufe seines bisherigen Lebens einen Karriereweg beschritten hatte, dann handelte es sich nicht um eine „Karriere nach oben“, sondern um eine „Karriere nach unten“, welche ihn der vornehmen und reichen Gesellschaft mehr und mehr entfremdete und zu jenen Menschen führte, die kaum beachtet am Rande der Gesellschaft lebten.

Andererseits hatte sich Alfons durch sein seelsorgliches Wirken, durch sein schriftstellerisches Werk – darauf soll an anderer Stelle noch eingegangen werden – und nicht zuletzt durch das Wachstum der von ihm gegründeten Kongregation eine Bekanntheit erworben, welche ihn in der Sicht der päpstlichen Behörden in Rom für ein höheres Kirchenamt geradezu prädestinierte. Da es damals fast unvorstellbar war, dass ein Bischof nicht aus Adelskreisen stammte, wurde auch seine soziale Herkunft als vorteilhaft angesehen. So kam es, dass ihn Anfang März 1762 die Nachricht erreichte, Papst Clemens XIII. (Carlo della Torre di Rezzonico, Papst 1758–1769) habe ihn zum Bischof der Diözese Sant'Agata dei Goti ernannt.

Alfons sträubte sich zunächst gegen seine Bischofsernennung. Er sah sich mit seinen 65 Jahren als zu alt für dieses Amt, außerdem meinte er, dass auch seine gesundheitliche Verfassung nicht den Anforderungen an einen Bischof entsprach. Vor allem aber sah er sich in der von ihm gegründeten Kongregation als unabkömmlich bzw. mehr noch: Seine Vorliebe für die konkrete Seelsorge und Verkündigung erlaubten es ihm nicht, seinen Platz in der Kongregation gegen die Stelle eines Diözesanhirten einzutauschen. Die Bedenken von Alfons wurden in Rom allerdings nicht akzeptiert. Der Papst beharrte auf der Nominierung, und so musste sich der Neuernannte schweren Herzens fügen. Wie schwer ihm das innere Annehmen dieser neuen Wende in seinem Leben fiel, zeigt die Tatsache, dass Alfons noch im selben Monat schwer erkrankte. Die Bischofsweihe erfolgte schließlich am 20. Juni 1762 in der Kirche „Santa Maria sopra Minerva" in Rom. Wie sollte es aber mit der Gemeinschaft der Redemptoristen weitergehen? Die Mitglieder äußerten einhellig den Wunsch, dass Alfons auch als Bischof Generaloberer bleibe, und schickten ein entsprechendes Gesuch an den Papst, welches von diesem angenommen wurde.

Sant'Agata dei Goti, zwischen Neapel und Caserta gelegen, war eine der vielen kleinen Diözesen Italiens mit ungefähr 30 000 Gläubigen. Als Bischofssitz fungierte die Stadt seit dem 5. Jahrhundert. Einer der Vorgänger Alfons von Liguoris war im 16. Jahrhundert Felice Peretti gewesen, der spätere Papst Sixtus V. (1585–1590). Seit dem Konzil von Trient (1545–1563) war das Bischofsamt einem tiefgreifenden Wandel unterlegen gewesen, der auch im 18. Jahrhundert noch nicht abgeschlossen war. Das Konzil hatte den Bischöfen die Hirtenaufgabe neu eingeschärft. Sie sollten in ihren Diözesen residieren und nicht irgendwo anders, sie sollten regelmäßig die Pfarreien ihres Territoriums visitieren, sie sollten schließlich in aktiver Weise die Aufgabe der Verkündigung wahrnehmen. All dies war in der Zeit vor dem Konzil nicht selbstverständlich gewesen, es sollte sich aber auch nachher nicht bei allen Bischöfen ausnahmslos durchsetzen. Viele Diözesanbischöfe residierten ohne jedes Engagement für das ihnen anvertraute Territorium in Neapel, Mitte des 18. Jahrhunderts waren es etwa 30 an der Zahl. Alfons war hingegen sofort nach der Bischofsweihe in seine Diözese umgezogen. Er kann in dieser Hinsicht und in anderen als ein „Musterbischof" bezeichnet werden, was die Umsetzung der Reformvorstellungen des Konzils von Trient betrifft.

Dem neuen Bischof von Sant'Agata dei Goti war die Erneuerung des kirchlichen Lebens in seiner Diözese von Anfang an ein großes Anliegen. Eine der ersten Maßnahmen war die Abhaltung einer großen Volksmission in der Kathedralkirche. Alfons selbst hielt dabei die großen Abendpredigten. Auch in den anderen Pfarreien seiner Diözese ließ er im Laufe der Zeit Volksmissionen abhalten und nahm größtenteils daran teil. Dadurch und durch häufige Visitationen erwies er sich als ein Oberhirte, dem die Nähe zum Volk und die Kenntnis der Zustände in den Gemeinden ein Anliegen war. Es nimmt nicht wunder, dass er sich auch um die Hebung des theologischen, geistlichen und moralischen Niveaus im Klerus bemühte. Er sah auf diesem Gebiet großen Reformbedarf, denn viele Priester waren schlecht ausgebildet oder zeigten ein Verhalten, das ihrer Aufgabe nicht entsprach. So waren etwa Müßiggang, Spielsucht oder ganz allgemein schlechtes Benehmen weit verbreitet. Um diesem Mangelverhalten im Klerus vorzubauen, legte Alfons auf eine gediegene Ausbildung des Nachwuchses wert und überwachte diese als Bischof selbst. Immer wieder erschien er unangemeldet im Priesterseminar.

Auffällig war neben allen Bemühungen um die Erneuerung seiner Diözese, dass der Bischof von Sant'Agata persönlich einen ganz einfachen Lebensstil pflegte. Auf würdevolle Kleidung und wertvolle Insignien legte er keinen übergroßen Wert. Sein Bischofsring enthielt etwa anstatt eines kostbaren Edelsteines eine einfache Glasscherbe. Geschenke und übertriebene Ehrenbekundungen lehnte er ab. Seine bischöflichen Einkünfte sah Alfons als einen Besitz der Armen an. Der Bischof sei, so war er überzeugt, lediglich der Verwalter dieses Vermögens. Auch sein Palazzo stand Bedürftigen und Schwachen offen. Zudem besuchte er häufig Kranke und Gefangene. Schließlich sorgte er sich um Prostituierte und versuchte ihnen Kleidung und Arbeit zu verschaffen, um sie neu in die Gesellschaft zu integrieren. Mit einem Wort: Alfons hatte auch als Bischof eine große Aufmerksamkeit für Menschen in Ausnahmesituationen. Er war seiner bisherigen Linie treu geblieben.

LEBENSABEND UND TOD

Bis zum Zweiten Vatikanischen Konzil (1962–1965) war die Ausübung der bischöflichen Hirtenaufgabe in einer Diözese nicht an eine Altersgrenze gebunden. Bischöfe übernahmen ihr Amt in der Regel auf Lebenszeit. Bei Alfons von Liguori war es anders. Obwohl er seine Aufgabe mustergültig erfüllte, war und blieb er ein Bischof wider Willen. Seine große Sehnsucht galt weiterhin dem Leben und Wirken innerhalb der von ihm gegründeten Kongregation der Redemptoristen. Mehrfach suchte er deshalb in Rom um Amtsenthebung an, zunächst immer vergeblich. Erst Papst Pius VI. (Giovanni Angelo Braschi, Papst 1775–1799) entsprach gleich im ersten Jahr seines Pontifikates dem Gesuch. Alfons hatte damals knappe dreizehn Bischofsjahre hinter sich. Seinen Lebensabend wollte er in der Niederlassung von Pagani bei Nocera verbringen. Er war mittlerweile ein Greis geworden, blieb aber weiterhin der Generalobere seiner Kongregation. Zwölf Jahre sollten es noch sein, welche ihm im Kreise seiner Mitbrüder verblieben.

Für die Kongregation der Redemptoristen bedeuteten diese zwölf Jahre eine Krisenzeit. Es handelte sich dabei weniger um eine innere, sondern um eine Strukturkrise, die mit dem Kampf um die staatliche Anerkennung im Königreich von Neapel zusammenhing. Diese war durch die Jahrzehnte trotz aller Bemühungen noch nicht erfolgt. So mussten die Mitglieder der Kongregation und ihr Generaloberer ständig fürchten, dass die Niederlassungen im Königreich eines Tages aufgelöst werden könnten. Es bedurfte also weiterer Anstrengungen, die entsprechenden staatlichen Ministerien für eine Anerkennung zu gewinnen und diese dann dem König vorzuschlagen.

Alfons konnte aufgrund seiner fortgeschrittenen Gebrechlichkeit die Verhandlungen nicht mehr selber führen. Er beauftragte dafür zwei seiner Mitbrüder. Damit aber sollte eine verhängnisvolle Episode in der Geschichte der Kongregation der Redemptoristen ihren Lauf nehmen. Die verhandlungsführenden Patres ließen sich von politischer Seite zu einer Umformulierung der Lebensregel der Kongregation gemäß den staatlichen Wünschen überreden. Im neuen Regelentwurf wurde die Kongregation faktisch auf eine Priestergemeinschaft freiwilliger Art zurückgeführt. Die Gelübde wurden gestrichen, das Gemeinschaftsleben in seinen Anfordernissen an die Mitglieder reduziert und vereinfacht. Als dem greisen Generaloberen der Regelentwurf vorgelegt wurde, setzte dieser seine Unterschrift darunter, ohne sich über den Inhalt und die genauen Veränderungen restlos im Klaren zu sein. Der König akzeptierte daraufhin die Satzungen der Kongregation und erklärte sie am 22. Januar 1780 für alle Redemptoristenklöster im Königreich von Neapel als verbindlich. Die staatliche Anerkennung der Kongregation war damit zwar erreicht, aber es war im Endeffekt ein Pyrrhussieg.

Der königlich bestätigte Regelentwurf hatte mit jener Lebensregel, die 1749 durch den Papst approbiert worden war, nur mehr wenig gemein. Er wurde auch von jenen Mitgliedern der Kongregation, welche sich in den Niederlassungen im päpstlich regierten Kirchenstaat befanden, nicht akzeptiert. Die Causa wurde schließlich Papst Pius VI. zugetragen, der kraft seiner höchsten kirchlichen Entscheidungsvollmacht anordnete, dass nur mehr die Niederlassungen im Kirchenstaat, nicht aber jene im Königreich von Neapel zur Kongregation der Redemptoristen zu zählen seien. Für Erstere wurde auch ein neuer Generaloberer bestimmt. Damit war die Kongregation gespalten. Alfons als Gründer war letztlich aus seiner eigenen Gemeinschaft ausgeschlossen, und an diesem Zustand sollte sich bis zu seinem Tod nichts ändern. Es ist unschwer vorstellbar, welchen Kummer ihm die Querelen um die staatliche Anerkennung und ihr vorläufig ungünstiges Ende bereiteten. Zwar bemühte man sich sofort um eine Wiedervereinigung der Kongregation, doch führten diese Bemühungen erst 1793 zu einem Erfolg. Voraussetzung dazu war, dass die neapolitanische Regierung 1790 von ihrer kirchenfeindlichen Politik abgewichen war und nicht mehr auf den reduzierten Regelentwurf gepocht hatte.

Es war also kein in jeder Hinsicht erfreulicher Lebensabend, den Alfons von Liguori nach der Niederlegung seines Bischofsamtes verbrachte. Umgekehrt beweisen die geschilderten Wirrnisse, dass es nicht unproblematisch war, einen alten Mann – wenn es sich auch um den Gründer handelte – an der Spitze der Kongregation zu haben. Alfons war in dieser Zeit zweifellos nicht mehr im vollen Besitz seiner Geisteskräfte. Er konnte weder predigen, noch längere Gespräche führen, noch Briefe schreiben. Dieser Zustand war auch durch zahlreiche physische Beschwerden und nicht zuletzt durch große seelische Probleme verursacht. Seine Skrupulosität war in jenen Jahren wieder übergroß geworden. Die letzten Jahre verbrachte er im Rollstuhl. Sein Gesicht war häufig von Schmerzen völlig verzerrt, sein Kopf wurde durch ein Wirbelleiden an die Brust gedrückt. Von seinen Mitbrüdern und auch von der Bevölkerung in Pagani und in der ganzen Umgebung wurde er gleichwohl hoch verehrt. Viele sahen in ihm einen überaus heiligmäßigen Menschen, bei dem es sich lohnte, ihn um sein besonderes Gebet zu bitten. Alfons von Liguori verstarb am 1. August 1787 im Alter von fast 91 Jahren.

THEOLOGIE UND SPIRITUALITÄT

Beim Überblicken der Biographie Alfons von Liguoris ist deutlich geworden, dass er unter ganz bestimmten Bedingungen sozialer, kultureller und religiöser Art lebte und diese zugleich mehrmals in seinem Leben überschritt. Es erhebt sich von daher die Frage, was ihn innerlich motivierte und wodurch er sich gedrängt sah, die Verhältnisse nicht einfach so zu akzeptieren, wie sie waren. Als Priester und später als Bischof lebte er seine Gottesbeziehung in expliziter Form. Aber von welchen Überzeugungen, Inhalten und Grundvorstellungen, von welchen Haltungen und Lebensweisen war diese Gottesbeziehung geprägt und wie verstand er sein eigenes Menschsein bzw. das Menschsein der anderen im Lichte dieser Gottesbeziehung? Solche Themen zu behandeln, kann zu einer Beantwortung der Frage führen, woher die Dynamik des Lebens von Alfons kam. Die lebensgeschichtlichen Daten bilden letztlich nur einen groben Umriss davon, was und wer er war. Das Ergründen dessen, was ihn als Persönlichkeit von innen her ausmachte, verleiht seinem Lebensbild Farbigkeit. Welche theologischen und spirituellen Faktoren ließen ihn zum „Lehrer des Gebetes und der Barmherzigkeit" werden?

WAS IST DER MENSCH?

Es wird noch ausführlich davon die Rede sein, dass die Theologie und die Spiritualität von Alfons zu einem wesentlichen

Teil in der Haltung des Staunens gründen. Alfons staunte über die göttliche Liebe und Barmherzigkeit, über die großen Geheimnisse der Heilsgeschichte, vor allem über die Menschwerdung und das Leiden Jesu Christi, über die bleibende Gegenwart Jesu Christi im Sakrament der Eucharistie etc. Das Staunen über all diese Tatsachen war aber umfangen von einem eigentlich noch größeren, tief existentiellen Staunen, nämlich darüber, dass sich Gott dem Menschen überhaupt zuwendet und ihn mit außergewöhnlichen Bekundungen der Liebe würdigt. Alfons sah Gott als den wunderbar großen Herrscher über Himmel und Erde, und er war deshalb nicht wenig verwundert, dass der Mensch überhaupt in das Blickfeld Gottes gerät.

Das Staunen von Alfons entsprach ungefähr jenem Bewusstsein, das in einem der schönsten Psalmen des Alten Testamentes zum Ausdruck gebracht wird: „Herr, unser Herrscher, wie gewaltig ist dein Name auf der ganzen Erde; über den Himmel breitest du deine Hoheit aus. Aus dem Mund der Kinder und Säuglinge schaffst du dir Lob, deinen Gegnern zum Trotz; deine Feinde und Widersacher müssen verstummen. Seh' ich den Himmel, das Werk deiner Finger, Mond und Sterne, die du befestigt: Was ist der Mensch, dass du an ihn denkst, des Menschen Kind, dass du dich seiner annimmst" (Ps 8,2–5). Der alttestamentliche Psalm ist mit der eben zitierten Passage noch nicht zu Ende. Er besingt in der Folge die Größe des Menschen: „Du hast ihn nur wenig geringer gemacht als Gott, hast ihn mit Herrlichkeit und Ehre gekrönt. Du hast ihn als Herrscher eingesetzt über das Werk deiner Hände, hast ihm alles zu Füßen gelegt" (Ps 8,6–7). Dem Staunen über die Größe und Erhabenheit Gottes folgt also ein Staunen über den Menschen, der nur wenig geringer sei als Gott. Hat der Psalm also zunächst die Frage gestellt: „Was ist der Mensch?", so folgt sofort eine Antwort, und diese Antwort fällt überaus positiv aus.

Blickt man auf das theologische Denken von Alfons und untersucht es nach dem in ihm transportierten Menschenbild, so fällt die Antwort weit weniger positiv aus. Charakterisiert der erste Teil des Psalms sehr gut seine religiöse Haltung, so verhält sich das, was der Psalm im zweiten Teil über den Menschen sagt, aufs Erste gesehen ziemlich konträr zu den Vorstellungen, welche Alfons hatte. Was diese Vorstellungen dennoch mit dem Psalm verbindet, ist die entscheidende Frage „Was ist der Mensch?". Es handelt sich um eine uralte Frage, die sich immer wieder neu stellt. Sie bewegte zu allen Zeiten Dichter und Denker. Sie bewegte die Religionen und Weltanschauungen. Sie bewegte und bewegt jeden Menschen, der einigermaßen ernsthaft über sich und sein Leben nachdenkt und dieses Nachdenken in größere Zusammenhänge stellt. Selbstverständlich war auch Alfons von der Frage „Was ist der Mensch?" bewegt. Er verband mit der Antwort auf diese Frage allerdings kein großes Staunen, eher raufte er sich verzweifelt und erschüttert die Haare, wenn er über den Menschen und seinen Zustand nachdachte. Sein Menschenbild ist ein dunkles, negatives, pessimistisches. Es handelt sich dabei allerdings um kein singuläres Phänomen der christlichen Theologiegeschichte. Das Menschenbild, welches Alfons seinem theologischen und spirituellen Nachdenken zugrunde legte, wurde über Jahrhunderte hinweg von vielen anderen in ähnlicher Weise oder mit Abwandlungen in den Raum gestellt.

Noch eines ist zu sagen: Wenn jemand über das Menschsein an sich nachdenkt, so kann er nicht von seiner eigenen Person abstrahieren. Es sind die jeweils eigenen Erfahrungen, vor allem die seelisch-psychischen Grunddispositionen, welche in das Nachdenken über das Menschsein einfließen. Auch Alfons hatte natürlich sich selbst im Blick, wenn er sich die Frage „Was ist der Mensch?" stellte. Es wurde bereits erwähnt, dass er zeitlebens – manchmal mehr, manchmal weniger –

von Skrupeln und Selbstzweifeln geplagt war. Vor allem aber litt er an einer großen Sündenangst. Diese Angst war für ihn ein existentieller Zustand, dem er kaum entrinnen konnte. Einer seiner Biographen aus dem 19. Jahrhundert, der Österreicher Carl von Dilgskron (1843–1912), hielt fest: „Überall gewahrte er Sünde, bei jedem Schritte fürchtete er zu stürzen. Die namenlose Angst, in der Ungnade Gottes zu sein, verfolgte ihn auf allen Wegen." In der Ungnade Gottes zu sein, bedeutete für Alfons, von Gott getrennt zu sein – und dies womöglich für alle Ewigkeit.

Alfons nahm die Sünde sehr ernst und sprach oft von ihr. Der Mensch ist seiner Meinung nach gerade ihretwegen ein Häufchen Elend und verdient es eigentlich nicht, von Gott mit übergroßer Liebe beschenkt zu werden. Durch die Sünde sah Alfons einer traditionellen Vorstellung gemäß den liebenden Gott beleidigt. In seiner Schrift „Apparecchio alla morte" („Vorbereitung zum Tode") trifft er folgende Feststellung: „Der Sünder beschimpft und entehrt Gott – und betrübt ihn dadurch aufs Höchste. Nichts schmerzt so sehr und kränkt das Gefühl so empfindlich, als wenn man sieht, dass eine Person, die man liebt, die erwiesenen Wohltaten mit Undank lohnt. Mit wem nimmt es der Sünder auf? Er beschimpft einen Gott, der ihn erschaffen und so sehr geliebt hat, dass er sogar Blut und Leben aus Liebe zu ihm hingegeben hat; und er vertreibt ihn aus seinem Herzen durch Begehung einer Todsünde. (…) Wenn also die Seele in die Sünde willigt, so sagt sie zu Gott: ‚Herr, weg von mir.' Diese sprachen zu Gott: ‚Weiche von uns!' (Ijob 21,14). Mit dem Munde zwar sagt man es nicht, wohl aber durch die Tat, sagt der hl. Gregor." Der Mensch wird nach Alfons durch die Sünde zum Rebellen gegen Gott, doch diese Rebellion bringt ihm selbst nichts Gutes. Er setzt sich der Gefahr aus, dass aufgrund seines eigenen Neins zu Gott dann auch Gott zu ihm Nein sagt, was in letzter Konsequenz Hölle und ewige Verdammnis bedeuten würde.

Auf der anderen Seite wusste Alfons genau, dass die Vermeidung der Sünde keine so einfache Sache ist. Es handelt sich nicht immer um eine Frage des eigenen freien Entscheidens und Wollens. Da gibt es nämlich zum einen die sündige Verfasstheit des Menschen, also eine angeborene Anfälligkeit für das Böse. In der kirchlichen Tradition wird diese Verfasstheit mit dem Begriff „Erbsünde" bezeichnet. Zwar ist ein Christ durch die Taufe grundsätzlich von der Erbsünde befreit, es bleiben aber die Begierden, die Neigungen, die Triebe und die Reize. Alfons war sich darüber im Klaren, dass all dies nicht immer leicht zu bewältigen und überwinden ist. Ein Thema, das ihn außerdem stark beschäftigte, waren die zahlreichen verfänglichen Situationen, denen ein Mensch ausgeliefert ist und die ihn einladen, Fehltritte zu setzen. Oftmals sprach und schrieb er über dieses Thema unter dem Schlagwort „Gelegenheiten zur Sünde". Natürlich verband er damit die Absicht, vor solchen Gelegenheiten zu warnen. Und was Alfons schließlich noch bewusst war: Nicht alles, was sich wie Sünde anfühlt, ist tatsächlich Sünde. Auch wenn er selbst unter einer großen Sündenangst litt – oder gerade deswegen –, versuchte er jenen Gläubigen, mit denen er in der Seelsorge zu tun hatte, übertriebene Schuldgefühle zu nehmen. In einem Brief an einen Skrupulanten schrieb er einmal: „Ich versichere Ihnen, und zwar im Namen Gottes, dass es innere Leiden sind und keine Sünden, nein, nein, nein."

Neben der Sünde spielte für Alfons noch etwas anderes eine große Rolle für die Weise, wie er den Menschen sah und bewertete. Sehr deutlich betrachtete er das Sein des Menschen als ein „Sein zum Tode", um ein Wort des großen Philosophen Martin Heidegger (1889–1976) aufzunehmen. Alfons wurde nicht müde, an die Tatsache zu erinnern, dass der Mensch der Vergänglichkeit unterworfen ist und unentrinnbar dem Tod entgegengeht. Immer wieder griff er in Predigten auch zu anschaulichen Mitteln, um diese Wahrheit sinnenfällig zu verdeutlichen, so etwa, wenn er vor seinen Zuhörern mit einem Totenschädel in der Hand sprach, was allerdings in der damaligen Zeit nicht unüblich war. Auch in zahlreichen Schriften sprach er über das Thema. Das bereits genannte Buch „Apparecchio alla morte“ ist ganz dem Sterben und einer guten Vorbereitung auf den Tod gewidmet. Sehr eindrücklich ist eine Stelle aus seinem schriftstellerischen Erstlingswerk, den „Massime eterne“ („Die ewigen Wahrheiten“): „Betrachte, wie dieses Leben einmal enden wird. Das Urteil ist bereits gefällt: Du musst sterben. Aber du weißt nicht wann. Es braucht oft sehr wenig: ein Tröpflein, das ins Herz fällt; eine Ader, die platzt; ein kleines giftiges Tier, das dich beißt; ein Fieber, ein Stich, eine Wunde, eine Überschwemmung, ein Erdbeben, ein Blitzschlag genügt! Und schon ist dir das Leben geraubt.“ Natürlich hatte Alfons auch eine Wahrnehmung dafür, dass der Tod am Ende des irdischen Lebens seine Vorboten hat: Krankheit, Schmerz, Sorgen, Misserfolg, Armut etc. All das sind die kleinen Tode mitten im Leben, die dem großen Tod am Ende des Lebens den Weg bereiten.

Sah Alfons den Menschen zu pessimistisch? Er selbst hätte wohl auf die Feststellung Wert gelegt, dass es sich um eine realistische Sichtweise handle. Worum es ihm aber vor allem ging, war das Aufzeigen der Tatsache, dass der Mensch durch und durch erlösungsbedürftig ist. Ohne Gott, ohne die göttliche Liebe und Barmherzigkeit, ohne Jesus Christus und sein heilbringendes Leiden und Sterben, ohne die Sakramente der Kirche, ohne die Fürsprache der Gottesmutter Maria würde der Mensch im Elend versinken. Es ging Alfons nicht in erster Linie darum, ein pessimistisches Menschenbild zu verbreiten, vielmehr ging es ihm um die Verkündigung einer wirklich frohmachenden Botschaft: dass nämlich dem Menschen trotz der zahlreichen Übel, mit denen er konfrontiert ist, Erlösung und Befreiung, Trost und Erbarmen, Hoffnung und Zukunft geschenkt ist. Es wird im Folgenden zu sehen sein, dass für Alfons die Aussage aus Psalm 8, „Du hast ihn nur wenig geringer gemacht als Gott, hast ihn mit Herrlichkeit und Ehre gekrönt", letztlich doch nicht so fremd war, wie es auf den ersten Blick den Anschein hat.

DER LIEBENDE UND BARMHERZIGE GOTT

Die immerwährende Angst von Alfons, Gott nicht wohlzugefallen, war besonders stark in seiner Jugendzeit und in seinem frühen Erwachsenenalter ausgeprägt, und sie holte ihn mit bedrohlicher Kraft dann wieder in seinen späten Lebensjahren ein. In den Jahrzehnten seiner seelsorglichen Tätigkeit als Priester, Volksmissionar und Bischof gelang es ihm, diese Angst zurückzudrängen. Gerade wenn Menschen ihm ihre Sorgen und Nöte anvertrauten, wenn sie von ihren Schwächen und Fehlern sprachen, war es ihm daran gelegen, in ihnen nicht die Angst vor Gott zu steigern, sondern sie so weit wie möglich von ihrer Angst zu befreien. Schon bald in seiner frühen Priesterzeit – wohl um das Jahr 1728 – hatte er erkannt, dass eine barmherzige und gütige Haltung dienlicher ist als eine unnachgiebige und strenge, wie sie damals von vielen Priestern gepflegt wurde. Es waren vor allem diese seelsorglichen Erfahrungen, die das Gottesbild von Alfons gründlich veränderten.

In der Kindheit und Jugendzeit von Alfons hatte wohl nicht zuletzt das Erlebnis eines strengen – um nicht zu sagen despotischen – Vaters Auswirkungen auf sein Verständnis von Gott gehabt. In den Jahren seiner Vorbereitung auf das Priestertum war Alfons zudem in Berührung mit theologischen Strömungen gekommen, in denen von Gott vornehmlich als der großen, erhabenen „Majestät" gesprochen wurde. Bei einem solchen Gott sah man für sündige Menschen nur geringe Chancen. Vor allem die auf den niederländischen Theologen und späteren Bischof Cornelius Jansen (1585–1638) zurückgehenden „Jansenisten“ vertraten ein solches Gottesbild und zusammen damit ein äußerst rigoristisches, hartherziges Verhalten in der Seelsorge. Alfons konnte sich von den Einflüssen dieser und anderer theologischer Strömungen befreien. Sein eigenes seelsorgliches Verhalten war, wie gesagt, bald nach der Priesterweihe von Barmherzigkeit und Güte bestimmt, und in seinem theologischen Denken forcierte er ein Gottesbild, welches genau dieselben Eigenschaften beinhaltete. Anders sah er sich nicht fähig, den Menschen auf ihrem Weg zum Heil zu helfen.

In den Schriften von Alfons finden sich lange Passagen über den Gott der Liebe, der bereit ist, alles für den Menschen zu tun. Es ist nämlich der unbedingte Wille Gottes, dass alle Menschen gerettet werden – genau dies hatten die Jansenisten in Zweifel gezogen. Nach ihnen war es ungemein mühsam und schwer, Rettung und Heil zu erfahren. Alfons hingegen war überzeugt, dass die Menschen von Gott zuerst geliebt sind und dass es deshalb genüge, diese Liebe immer und immer wieder neu zu beantworten. Sein Vertrauen in die Liebe Gottes war ungemein groß, und er versuchte andere in diesem Vertrauen zu stärken. Einem Briefpartner schrieb er einmal die folgenden schönen Gedanken: „Dieser Gott verlässt niemanden. Je trostloser Sie also sind, desto mehr müssen Sie sich seinen Händen überlassen.“ Selbst der größte Sünder darf bei Gott stets neu beginnen, so wurde Alfons nicht müde zu betonen, denn die Liebe Gottes ist kein abstraktes Phänomen, es ist etwas sehr Konkretes. Wenn Gott den Menschen in großer Liebe zugetan ist, dann kann er nicht anders, als ihnen barmherzig zu sein und mit ihren Sünden Nachsicht zu haben, vorausgesetzt, dass die Menschen bereit sind, den barmherzigen Gott tatsächlich walten zu lassen.

Woher gewann Alfons seine tiefe Überzeugung von der Liebe und Barmherzigkeit Gottes? Oder anders gefragt: Wie begründete er diese seine theologische Grundüberzeugung?

Die Antwort lautet: aus den Bekundungen der Liebe Gottes in der Heilsgeschichte. Über sie konnte Alfons nicht genug staunen. Sein erstes großes Staunen betraf die Tatsache, dass Gott die ganze Schöpfung auf den Menschen hingeordnet hat. In seinem Buch „Pratica di amar Gesù Cristo" („Anleitung der Liebe zu Jesus Christus") fasste er dieses Staunen in die folgenden Worte: „Den Himmel und die Erde und so viele Dinge, das Firmament mit den Sternen, Meere, Flüsse, Quellen, Berge und fruchtbare Gefilde, die Bodenschätze, die Früchte und zahllose Arten von Tieren hat er liebend zum Wohl des Menschen geschaffen, auf dass dieser aus Dankbarkeit für so viele Geschenke seinen Schöpfer liebe." Wer so über die Schöpfung staunt, der muss mit einer großen Achtsamkeit gegenüber der Natur und allen Kreaturen erfüllt sein. Er muss sich wohl auch immer wieder Zeit nehmen, die kleinen und großen Wunder der Schöpfung zu betrachten. Erst so können sie ihm zum Zeichen und Gleichnis der Liebe Gottes werden. Alfons hatte offensichtlich diese Achtsamkeit. Er konnte über das Leben in seinen vielfältigen Arten und Formen staunen. Für ihn begann die Heilsgeschichte mit der Erschaffung der Welt.

Doch das Staunen über die Schöpfung war für Alfons bloß eine erste Stufe, zur Überzeugung von der Liebe und Barmherzigkeit Gottes zu gelangen. Eine zweite Stufe führte ihn direkt zur Mitte der Heilsgeschichte und des christlichen Glaubens: Gott hat die Menschen so sehr geliebt, dass er selbst Mensch geworden ist. Das heißt mit anderen Worten: Gott hat über die Menschheit nicht bloß von oben herab das Füllhorn seiner Gaben ausgeschüttet, sondern es ist sein Ziel gewesen, den Menschen auf Augenhöhe zu begegnen und damit seine Liebe als wirklich echt und ehrlich zu erweisen, denn Liebe kann sich letztlich in ihrer ganzen Bedeutung nur zwischen zwei gleichen Partnern entfalten. Wieder ein Zitat aus der „Pratica di amar Gesù Cristo": „Gott ließ es sich jedoch nicht genügen, seine Liebe durch all diese Geschöpfe zur Sprache zu bringen: Er ging so weit, sich selbst zu schenken, um unsere Liebe ganz an sich zu ziehen. Der Ewige Vater gab uns den äußersten und größtmöglichen Erweis seiner Liebe, indem er uns seinen eingeborenen Sohn sandte." Wenn man es richtig sieht, so bietet sich in diesen Gedanken ein etwas anderes Menschenbild dar, als es sich bei einem ersten, oberflächlichen Blick auf die Schriften von Alfons zeigt. Wenn Gott in Jesus Christus Mensch geworden ist, dann bedeutet das eine ungemeine Würdigung des Menschengeschlechtes. Der Mensch ist nicht blindlings der Sünde und dem Tod ausgeliefert, sondern er ist der Beziehung zu Gott fähig. Alfons' seelsorgliches Bemühen war es, diese Beziehungsfähigkeit des Menschen mit Gott zu unterstützen und zu fördern. Vor allem aber wollte er auch in diesem Zusammenhang zum Staunen anregen: „O Staunen über einen Gott, der sich selbst entäußert!"

Die Wertschätzung gegenüber dem Geheimnis der Menschwerdung hatte bei Alfons verschiedene Formen. Er konnte nicht genug darüber meditieren und predigen. In einer von ihm verfassten Novene für das Weihnachtsfest fasst er die Bedeutung dieses Geheimnisses schlagwortartig so zusammen: Gott wurde Mensch, der Große wurde klein, der Herr wurde Diener, der Reiche wurde arm, der Starke wurde schwach, der Unschuldige wurde schuldig, der Ganz-in-sich-selbst-Seiende wurde einer von uns. Alfons schätzte aufgrund seines Staunens über die Menschwerdung das Weihnachtsfest ungemein hoch. In zahlreichen Weihnachtsliedern, deren Texte er selber verfasste, versuchte er, sich dieses Heilsgeheimnis ganz konkret vorzustellen. Er besingt das von den Sternen hernieder gekommene Jesuskind, seine unbequeme Geburt in einer kalten Grotte und seinen milden Schlaf, die zärtliche Fürsorge der Mutter etc. Neapel und ganz Süditalien sind bis heute für ihre Krippenkunst bekannt. Das Staunen von Alfons über die Menschwerdung Gottes hatte von daher nicht bloß einen hochtheologischen und mystischen Charakter, sondern bestand in einer sehr gefühlshaften, geradezu kindlichen Haltung. Wie wichtig ihm das Geheimnis von Weihnachten war, zeigt sich auch an der Tatsache, dass er für die jungen Mitbrüder in der Kongregation der Redemptoristen anordnete, dass sie den 25. eines jeden Monats wie den Weihnachtstag selbst begehen sollten.

In dem kleinen Kind im Stall von Bethlehem sah Alfons ganz selbstverständlich den großen Erlöser der Welt, und die Menschwerdung Gottes in diesem Kind verstand er als ein sicheres Zeichen der göttlichen Liebe und Barmherzigkeit. Doch gab es für ihn noch weitere Beweise dafür, wie ernst es dem barmherzigen und liebenden Gott mit Welt und Menschheit ist. Neben der Krippe (Menschwerdung) waren das Kreuz (Leiden und Tod Jesu Christi) und der Altar (Eucharistie) wichtige Bezugspunkte seiner Theologie und Spiritualität. Davon im Folgenden.

DIE ERLÖSENDE LIEBE JESU CHRISTI

Alfons hatte bereits in jungen Jahren eine große Aufmerksamkeit für das Leiden und den Kreuzestod Jesu Christi. Als 23-jähriger Jurist malte er 1719 ein erschütterndes Christusbild. Das Original befindet sich heute im Redemptoristenkloster von Ciorani. Es zeigt den leidenden Erlöser am Kreuz mit eingeknicktem Haupt, zerfetzter Haut, zerrissenem Lendenschurz, von Blut überströmt. Die Aufmerksamkeit von Alfons für Leiden und Tod Christi war eingebettet in die damalige religiöse Mentalität. Die stark emotionelle Volksfrömmigkeit Süditaliens kannte etwa in der Fastenzeit und insbesondere in der Karwoche Passionsprozessionen und -andachten, bei denen in sehr sinnenfälliger, manchmal sogar nachahmender Weise der Leidensweg und der Kreuzestod Jesu Christi nachgestellt wurden. Zu erinnern ist auch an die vier Passionsfiguren, welche Don Giuseppe de Liguori, der Vater von Alfons, in der Offizierskapelle seines Admiralsschiffes hatte. Solche Figuren waren keine Seltenheit. Sie befanden sich in vielen Häusern bzw. waren auf öffentlichen Plätzen und an Straßenecken aufgestellt. Das Leiden Christi war in der allgemeinen Wahrnehmung also omnipräsent und wurde in aller Regel auch von vielen Gläubigen bewusst in die persönliche Frömmigkeit einbezogen. Wie das Passionsgeschehen allerdings zu deuten ist, darüber gingen die Meinungen nicht nur bei den einfachen Menschen, sondern auch bei den Theologen auseinander – und zwar nicht nur in Süditalien und zur Zeit von Alfons, sondern insgesamt in der christlichen Theologie und Frömmigkeit seit Jahrhunderten.

Im Wesentlichen waren drei verschiedene Deutungen des Leidens und Todes Jesu Christi im Umlauf und konnten sich in der einen oder anderen Weise auf Aussagen der Heiligen Schrift berufen. Eine erste Deutung wurde bereits von den großen Theologen der Kirchenväterzeit entwickelt: Jesus Christus habe als menschgewordener Gottessohn die Macht des Todes und dessen Auswirkungen gebrochen und zerstört. Durch sein Sterben sei die Finsternis besiegt und das Leben besiegelt. Eine andere Deutung der Passion wurde vor allem in der mittelalterlichen Theologie bevorzugt und hatte in dem großen Theologen Anselm von Canterbury (1033–1109) einen ihrer Hauptvertreter: Leiden und Tod Jesu Christi seien ein Sühnegeschehen zur Wiedergutmachung der von den Menschen begangenen Sünden, nicht zuletzt zur Beseitigung der seit Adam und Eva auf der Menschheit lastenden Erbschuld. Um die drohende Strafe Gottes abzuwenden, habe es einer angemessenen Wiedergutmachung bedurft, die letztlich nicht die Menschen selbst leisten konnten, sondern nur der menschgewordene Gottessohn. Diese als Satisfaktionstheorie (lateinisch: „satisfactio“ – Wiedergutmachung) bekannte Deutung war auch zur Zeit von Alfons – und weit über seine Epoche hinaus – die gängige Erklärung, warum Jesus Christus leiden und sterben habe müssen. Mit dieser Erklärung verbunden war schließlich noch eine dritte Deutung des Passionsgeschehens, welche dem einfachen Volksempfinden besonders entsprach, aber eigentlich einem zutiefst archaischen Denken entsprang: Der aufgrund der Sündhaftigkeit des Menschengeschlechtes zornig gewordene Gott habe durch das Leiden und den Tod Jesu Christi besänftigt werden müssen. Anders als durch das Opfer seines eigenen Sohnes sei der Zorn Gottes nicht zu bewältigen gewesen.

Wenn man die verschiedensten Schriften Alfons von Liguoris liest, kann man Einflüsse der drei genannten Deutungsmodelle in seinem theologischen Denken nicht verleugnen. Dennoch ging Alfons über die gängigen Erklärungsansätze hinaus und präsentierte von seinem leitenden Gottesbild her ein anderes Deutungsmodell. Wie sieht es aus? Für Alfons hat die liebende und barmherzige Zuwendung Gottes zu den Menschen einen unüberbietbaren Höhepunkt in der Hingabe Jesu Christi am Kreuz. Der tragende Grund für das Passionsgeschehen ist damit zuerst und vor allem das Übermaß der göttlichen Liebe. Gott setzte mit dem Leiden und Tod seines eingeborenen Sohnes das deutlichste ihm mögliche Zeichen seiner Liebe. Nach menschlichem Verständnis ist dies ein schier unnachvollziehbares Verhalten. Aus der „Pratica di amar Gesù Cristo“: „Würde es mir nicht der Glaube versichern, wer könnte mir je glaubwürdig machen, dass der Allmächtige, Allselige, der Herr aller Dinge, den Menschen so sehr lieben wollte, dass er aus Liebe zu ihm so aus sich herausging.“ Alfons schließt sich in diesem Zusammenhang jenen Theologen aus der kirchlichen Tradition an, die davon sprechen, dass Gott aus Liebe zu den Menschen verrückt geworden sei („impazzito per l’amore“). Wurde Alfons bereits durch das Geheimnis des Menschwerdung Gottes in ein großes Staunen versetzt, so kann er sich mit dem Blick auf den leidenden und gekreuzigten Erlöser dieser Haltung gar nicht mehr erwehren: „Das Staunen ist noch größer, wenn wir bedenken, dass er, der uns erlösen konnte, ohne für uns zu leiden und zu sterben, sein Ja gab zu einem leidvollen und verachteten Leben und zu einem bitteren und schmachvollen Tod, so sehr, dass er an einem Kreuz, an dem für Verbrecher bestimmten Schmachholz, starb (Phil 2,8)."

Der in dem eben zitierten Text von Alfons angesprochene Vers aus dem Neuen Testament stammt aus dem sogenannten „Philipperhymnus", einem urkirchlichen liturgischen Text, den der Apostel Paulus in seinem Brief an die Gemeinde von Philippi verwendete. Dieser Hymnus kann als eine kurze Zusammenfassung dafür gelesen werden, was in den Augen von Alfons die Person und das Werk Jesu Christi charakterisiert: „Er war Gott gleich, hielt aber nicht daran fest, Gott gleich zu sein, sondern er entäußerte sich und wurde wie ein Sklave und den Menschen gleich. Sein Leben war das eines Menschen; er erniedrigte sich und war gehorsam bis zum Tod, bis zum Tod am Kreuz" (Phil 2,6–8). In der alfonsianischen Christologie spielt der Gedanke der „Kenosis" (altgriechischer Begriff für „Entäußerung") eine wichtige Rolle. Ist Jesus Christus in seiner erlösenden Liebe bereits bei der Menschwerdung aus dem göttlichen Bereich herausgetreten, so hat er in seinem Leiden und Sterben vollends auf alle göttlichen Attribute und Eigenschaften verzichtet.

Alfons brachte in seinen Schriften viele Schilderungen dieser bis an die äußersten menschlichen Grenzen gehenden Liebe des Erlösers, und er forderte dazu auf, dieser Liebe mit liebendem Blick standzuhalten – etwa in seinem Meditationsbuch „Via della salute" („Weg des Heils"): „Erhebe deine Augen und betrachte den Gekreuzigten. Betrachte das göttliche Lamm, hingeschlachtet auf dem Opferaltar. Denk daran, dass er der geliebte Sohn des ewigen Vaters ist und dass er aus Liebe zu dir gestorben ist. Siehe doch, wie seine Arme ausgebreitet sind, dich zu umarmen; sein Haupt ist geneigt, um dir den Friedenskuss zu schenken; seine Seite ist geöffnet, um dich in dein Herz zu schließen. Was sagst du nun von einem so liebenden Gott? Verdient er nicht, dass du ihn liebst? Und er, was sagt er dir vom Kreuze herab: Sieh' her, mein Kind, ob da auf der Welt jemand ist, der dich mehr geliebt hat als ich."

Der Weg Jesu Christi, so sagt der christliche Glaube, führt über den Kreuzestod hinaus zur Auferstehung. Der vorher zitierte neutestamentliche Philipperhymnus hat eine zweite Strophe, in welcher nach der Tatsache der Entäußerung des Gottessohnes seine Erhöhung angesprochen und besungen wird: „Darum hat ihn Gott über alle erhöht und ihm den Namen verliehen, der größer ist als alle Namen, damit alle im Himmel, auf der Erde und unter der Erde ihre Knie beugen vor dem Namen Jesu und jeder Mund bekennt: ‚Jesus Christus ist der Herr' – zur Ehre Gottes des Vaters" (Phil 2,9–11). Es wirkt für unser heutiges Verständnis und vor dem Hintergrund einer theologischen Gesamtsicht auf die Person und das Werk Jesu Christi überraschend, dass bei Alfons von der Auferstehung des Erlösers kaum gesprochen wird. Warum es sich so verhält, darüber könnte man lange rätseln. Die beste Erklärung ist, dass Alfons mit seiner mangelnden Bezugnahme auf den auferstandenen Herrn ein Kind seiner Zeit und der religiösen Mentalität seiner Heimat war. Die Betrachtung des Passionsgeschehens hatte in der Theologie und Frömmigkeit des 18. Jahrhunderts, besonders in Süditalien, Vorrang. Allerdings setzte Alfons in seinem staunenden Nachdenken über Jesus Christus dennoch einen Schritt über Leiden und Kreuz hinaus, und es entsprach dem ihm eigenen Hang zum Greifbaren und Sichtbaren, dass er ein Heilsgeheimnis in den Blick nahm, welches mit einem konkreten Symbol bzw. mit einer fassbaren Gestalt verbunden ist.

Die Menschwerdung Gottes sah Alfons im Kind in der Krippe verdeutlicht. Die liebende Hingabe Jesu Christi in Leiden und Tod konnte er in der Gestalt des Gekreuzigten mit seinen Augen sehen und begreifen. Wenn er über die Passion hinausging, dann führte ihn sein Weg zum Sakrament der Eucharistie, zum Geheimnis der bleibenden Gegenwart des Herrn im Brot bzw. in der Hostie. Dieses Geheimnis war für Alfons deswegen so wichtig, weil er in ihm ein weiteres sicheres Zeichen der Liebe und Barmherzigkeit Gottes und der erlösenden Liebe Jesu Christi sah. Außerdem schätzte er das Sakrament der Eucharistie als eine sehr persönliche Zuwendung des Erlösers zu einem jeden einzelnen Christen: Noch einmal sei aus der „Pratica di amar Gesù Cristo" zitiert: „Es genügte seiner Liebe nicht, sich durch seine Menschwerdung, sein Leiden und seinen Tod dem Menschengeschlecht als ganzem zu schenken, sondern er wollte einen Weg finden, sich jedem Einzelnen von uns zu schenken: dazu setzte er das Altarsakrament ein. ‚Wer mein Fleisch isst, sagt er, bleibt in mir, und ich bleibe in ihm' (Joh 6,56). In der heiligen Kommunion vereint sich Jesus mit dem Menschen, und der Mensch vereinigt sich mit ihm, und zwar nicht in bloßem Liebesverlangen, sondern wahrhaft und wirklich." Es verwundert nach allem bisher Gesagten nicht, dass Alfons auch bezüglich der Eucharistie mit innerer Überzeugung feststellt: „Man kann nur staunen über die Sehnsucht Jesu Christi, in der heiligen Kommunion bei uns einzukehren."

MARIA, MUTTER DER BARMHERZIGKEIT

In der alfonsianischen Theologie und Spiritualität nimmt die Gottesmutter Maria einen herausragenden Platz ein. Alfons gilt in der Theologiegeschichte als einer der großen „Mariologen", wenngleich er in seinem Nachdenken über Maria an das Niveau eines Bernhard von Clairvaux (1090–1153) oder anderer berühmter Vertreter dieser theologischen und spirituellen Disziplin nicht heranreicht. Dennoch wurde sein im Jahre 1750 verfasstes Werk „Le Glorie di Maria“ („Die Herrlichkeiten Mariens“) zu einem Bestseller, der etwa bis zur Mitte des 20. Jahrhunderts nicht geringe Beachtung im katholischen Volk, besonders bei Ordensleuten und im Klerus, fand – und dies nicht nur in Italien, sondern weltweit. Seit dem 19. Jahrhundert wurden allerdings vermehrt die sogenannten „Exempla“ kritisiert, welche Alfons in dieses Werk aufgenommen hatte: naive, legendenhafte Berichte über die Hilfe der Gottesmutter in notvollen menschlichen Situationen.

In den „Herrlichkeiten Mariens“ finden sich fünf große Themen. Ein erster großer Abschnitt behandelt eines der bekanntesten Mariengebete der katholischen Kirche, die dem mittelalterlichen Mönch Hermann von Reichenau (1013–1054) zugeschriebene marianische Antiphon „Salve Regina“. Ein zweiter Abschnitt beschäftigt sich mit den „Tugenden der allerseligsten Jungfrau Maria“ und handelt von ihrer Demut, ihrer Gottes- und Nächstenliebe, ihrem Glauben, ihrer Hoffnung, ihrer Keuschheit, ihrer Armut, ihrem Gehorsam und ihrer Geduld. In einem dritten Abschnitt werden verschiedene marianische Andachtsübungen und Gebete erläutert, angefangen vom Ave-Maria-Gebet über den Rosenkranz bis hin zum Fasten und zum Almosengeben zu Ehren der Gottesmutter. Der vierte Abschnitt erklärt und erläutert die großen marianischen Festtage des Kirchenjahres in der Chronologie ihres Lebens, von ihrer „Unbefleckten Empfängnis“, ihrer Geburt und ihrer Darstellung im Tempel („Aufopferung“) über die Verkündigung des Herrn durch den Engel, dem Besuch bei der Base Elisabeth („Heimsuchung“) und der Darstellung des Herrn im Tempel („Reinigung“) bis hin zu den „Schmerzen Mariens“ und ihrer Aufnahme in den Himmel („Himmelfahrt“). In einem letzten Abschnitt werden schließlich die unter den marianischen Festtagen bereits behandelten „Schmerzen Mariens" noch einmal ausführlich dargestellt und meditiert.

Bemerkenswert ist, dass Alfons sich genötigt sah, in späteren Auflagen seiner „Herrlichkeiten Mariens" dem Werk eine Stellungnahme hinzuzufügen, in welcher er eine Aussage rechtfertigte, die ihm viel Kritik eingetragen hatte, aber bezeichnend für seine Marienfrömmigkeit ist. Bei der Behandlung des „Salve regina" hatte er unter anderem behauptet, dass dem Menschen alle göttlichen Gnaden ausschließlich durch die Vermittlung Mariens zuteilwürden. Maria ist nach Alfons die „Vermittlerin" und „Ausspenderin" aller Gnaden, sie ist „Gnadenmutter" und „Schatzmeisterin", also Verwalterin des göttlichen Gnadenschatzes. Es nimmt nicht wunder, dass solche Vorstellungen schon damals nicht unwidersprochen blieben. Alfons hielt allerdings an ihnen trotz aller Kritik fest. Sie entsprachen viel zu sehr seiner tiefpersönlichen, vertrauensvollen, kindlichen Zuneigung zur Gottesmutter Maria, welche er zeitlebens pflegte. Im Übrigen konnte er sich in seiner großen Verehrung gegenüber der Gottesmutter noch zu anderen kritikwürdigen Aussagen versteigen, etwa wenn er – eigentlich gegen seine theologische Grundüberzeugung – behauptete, dass Jesus Christus sich selbst das „Reich der Gerechtigkeit" vorbehalten, seiner Mutter Maria aber das „Reich der Barmherzigkeit" übertragen habe. Eine solche Aussage und viele ähnliche können nur vor dem Hintergrund der seelisch-psychischen Grunddisposition von Alfons wie auch der kulturellen und religiösen Umstände seiner Zeit verstanden werden. So gilt es den Blick auf diese Faktoren zu richten.

Der Historiker Otto Weiß, ein langjähriger Mitarbeiter am „Historischen Institut der Redemptoristen" in Rom, schreibt, dass die Seele von Alfons in der Kindheit und Jugend von einem „Zuviel an Mutter" geprägt war und deswegen die Redewendung von der „Mutter als Schicksal" für ihn besondere Geltung habe. Es wurde bereits festgestellt, dass Donna Anna de Liguori, die eine überaus fromme Frau war, einen großen Einfluss auf die seelische, geistige und religiöse Entwicklung ihres erstgeborenen Sohnes hatte. Damit hängt es wohl auch zusammen, dass dieser trotz seiner frühen Karriere als Anwalt noch lange ein ausgesprochener „Nesthocker“ war und erst spät aus dem elterlichen Haus auszog. Noch in seinen späten Lebensjahren war er seiner Mutter stark verbunden. Dies zeigt sich etwa in folgender Aussage: „Alles Gute, dessen ich mich aus meiner Kindheit erinnere, verdanke ich meiner Mutter.“ Es ergibt sich der Eindruck, dass Alfons mit seiner überschwänglichen Marienverehrung die eigenen Muttererfahrungen in den Bereich des Religiösen projizierte. Er hatte seine Mutter wohl immer wieder als Beschützerin und Vermittlerin gegenüber den strengen Anwandlungen seines Vaters erlebt. So konnte er sich eben auch gut in den Gedanken einfühlen, Maria sei die Zuflucht aller Gläubigen. Auch wenn Alfons in seiner Theologie und Spiritualität die Liebe und Barmherzigkeit Gottes in den Mittelpunkt stellte, gelang es ihm in den Tiefenschichten seiner Seele offensichtlich doch nicht so rasch, sich von der Vorstellung eines unnachgiebigen Vatergottes zu befreien, der nur durch den Einspruch einer gütevollen Mutter in seiner Strafgerechtigkeit gemäßigt werden konnte.

Die Muttererfahrung von Alfons wie auch das damit zusammenhängende Verständnis von der Rolle Mariens waren im damaligen kulturellen und religiösen Kontext Süditaliens nicht singulär. Die Themen „Frau“ und „Mutter“ spielten nicht zuletzt in der Bildenden Kunst, in der Musik und in der Literatur eine wichtige Rolle. Man verband mit diesen Themen große menschliche Sehnsüchte wie Geborgenheit, Ruhe, Schönheit, Frieden, Reinheit, Linderung von Schmerzen und anderes mehr. Alle diese Aspekte finden sich in den Vorstellungen von Alfons über die Gottesmutter Maria. Etwa zeitgleich zu seinem bereits erwähnten Gemälde des gekreuzigten Jesus Christus malte Alfons als junger Jurist ein Bildnis Mariens: „Madonna coronata di dodici stelle" („Madonna mit zwölf Sternen umkränzt"). Die Darstellung zeigt eine versonnene, in sich gesammelte, edel aussehende Frau. Sie erinnert an das bekannte Wort aus dem Lukasevangelium, dass Maria alles in ihrem Herzen bewahrt habe (Lk 2,19.51). Seine gesamte Mariologie verstand Alfons als eine Einladung, sich dieser Frau anzuvertrauen. Nicht nur in den „Herrlichkeiten Mariens", sondern in all seinen Schriften kam er auf Maria zu sprechen. Schon in den „Massime eterne", seinem Erstlingswerk, bezeichnete er sie als „Mutter der Barmherzigkeit" oder als „Fürsprecherin der Sünder". In dieser Schrift findet sich übrigens auch eine Formulierung, welche er später immer wieder verwendete: „Jesus, meine Liebe; Maria, meine Hoffnung".

„WER BETET, WIRD SICHER GERETTET"

Von der alfonsianischen Theologie und Spiritualität der Barmherzigkeit war in den letzten Abschnitten bereits ausführlich die Rede, und es wird davon noch einmal gesprochen werden, wenn es um Apostolat und Seelsorge geht. Wie verhält es sich mit Alfons als „Lehrer des Gebetes"? Auch hierüber wird später unter der Überschrift „Anleitung zum Gebet" noch zu handeln sein. Vorerst sollen die Bedeutung des Gebetes im persönlichen Leben unseres Protagonisten wie dessen grundsätzliche theologische Aussagen über das Gebet in den Blick genommen werden.

Es braucht eigentlich nicht gesondert erwähnt zu werden, dass Alfons die ersten Schritte im Gebetsleben vor allem an der Hand seiner Mutter unternahm. Seine persönliche Entwicklung war in der Kindheit und Jugend von der Tatsache beeinflusst, dass Gebet und Frömmigkeit im Hause de Liguori eine hohe Selbstverständlichkeit genossen, und so wie sich Alfons zu einem großen Eifer im Lernen angehalten sah, so sehr war er schon in früher Zeit zu Ausdauer und Gewissenhaftigkeit im Beten erzogen worden. Auch während seines Studiums der Rechtswissenschaften unterließ er das regelmäßige persönliche Gebet nicht, erst recht wurde es ihm zu einem großen Anliegen, nachdem er sich für den Priesterberuf entschieden hatte. So nahm er sich in der Zeit seines Theologiestudiums vor, jeden Tag eine Stunde dem stillen, betrachtenden Gebet zu widmen und außerdem die tägliche Eucharistische Anbetung zu pflegen und dafür vor allem solche Kirchen zu besuchen, in denen das Altarsakrament in feierlicher Weise ausgesetzt war. Im reifen Erwachsenenalter legte er das eigenartige persönliche Gelübde ab, keine Minute Zeit ungenutzt verstreichen zu lassen. Dazu gehörte neben den seelsorglichen Arbeiten und der Tätigkeit als Autor theologischer und geistlicher Werke auch der nötige zeitliche Rahmen für das Beten. An einem normalen Tag widmete er in der Regel zehn Stunden der Arbeit, acht Stunden dem Gebet und sechs Stunden den verschiedenen anderen Bedürfnissen, dem Schlaf, der Nahrungsaufnahme und der Erholung.

Zum persönlichen Beten suchte Alfons häufig besondere Stätten auf. Neben Kirchen waren dies Orte, an welchen er die nötige Ruhe und Gelassenheit fand, sein Herz auf Gott, auf Jesus Christus oder auf Maria zu konzentrieren. Eine solche besondere Stätte war beispielsweise in der ersten Zeit nach der Gründung der Gemeinschaft der Redemptoristen eine kleine Felsengrotte am Stadtrand von Scala. Sie ist heute noch erhalten, allerdings wurde sie nach dem Tod von Alfons mit einer kleinen Kapelle umbaut. Von dieser Grotte aus ergibt sich bis in die Gegenwart ein großartiges Panorama der Meeresbucht von Amalfi, außerdem ein wunderschöner Blick auf die Scala gegenüberliegende Stadt Ravello. Der Überlieferung nach kam Alfons gerade in den vielen schwierigen Situationen, welche sich im Zusammenhang mit der neuen Gründung zwischen ihm und seinen Mitbrüdern ergaben, häufig an diesen Ort. Er soll dort auch Marienvisionen gehabt haben. Bis in seine späten Lebensjahre hatte er sich ein dankbares Gedächtnis an „seine" Grotte bewahrt, welches er auch in einem Gedicht zum Ausdruck brachte. Es sei zunächst in italienischer und dann in deutscher Sprache zitiert: „O mia cara grotta, o mia cara grotta! / Perchè non posso più tornare / alla tua ombra come in quei giorni felici / troppo presto passati" – „O meine geliebte Grotte, meine geliebte Grotte! / Warum kann ich nicht mehr zurückkehren / in deinen Schatten, so wie in jenen glücklichen Tagen, / die allzu schnell vergingen" (eigene Übersetzung).

Aus seinen persönlichen Gebetserfahrungen entwickelte Alfons eine ganze Theologie des Gebetes, welche er in mehreren geistlichen Schriften niederlegte und seinen Lesern empfahl. So schrieb er 1754 das Büchlein „Modo di conversare continuamente e familiare con Dio" („Die Weise des beständigen und vertraulichen Sprechens mit Gott"). 1757 verfasste er eine schmale Schrift mit dem Titel „Breve trattato della necessità della preghiera" („Kurzer Traktat über die Notwendigkeit des Gebetes"). In dieser Schrift kündigte er eine ausführlichere Befassung mit dem Thema an, die schließlich zwei Jahre darauf, 1759, erscheinen sollte: „Il gran mezzo della preghiera" („Das große Mittel des Gebetes"). Allein die Titelformulierungen dieser Schriften verraten viel über das Gebetsverständnis von Alfons: Beten heißt, das liebende Zwiegespräch mit Gott zu suchen und dieses Zwiegespräch nicht zu unterbrechen, nicht abreißen zu lassen. Beten ist ferner eine notwendige Übung, auf die ein gläubiger Christ ohne Schaden nicht verzichten kann. Warum? Einfach, weil das Gebet ein wichtiges Mittel ist, die Gnade Gottes zu erlangen und im alltäglichen Leben wirksam werden zu lassen; fernerhin ein Mittel dazu, dass ein Mensch das göttliche Heil erlangt.

Der zuletzt genannte Aspekt ist für Alfons und seine Theologie des Gebetes zentral. Seine diesbezüglichen Gedanken können auf eine einfache Gleichung gebracht werden: „Beten heißt Heil“ oder „Beten heißt Rettung“. In seinem Buch „Il gran mezzo della preghiera“ formuliert er kurz und eindringlich: „Wer betet, wird sicher gerettet werden.“ Er erklärt diese Meinung mit folgender Überlegung: Die göttliche Heilsgnade bestehe aus einer Aneinanderreihung (wörtlich: „catena“ – Kette) von Einzelgnaden. Diese Aneinanderreihung von Einzelgnaden habe aber eine Entsprechung in einer anderen Aneinanderreihung, nämlich jener der menschlichen Gebete. Wenn diese zweite Aneinanderreihung, also die Kette von Gebeten, unterbrochen werde, dann werde auch die Kette der göttlichen Heilsgnade unterbrochen. Aus diesem Grunde ergibt sich für Alfons die Notwendigkeit, das Gebet beharrlich und eifrig zu pflegen. Neben der Beharrlichkeit und dem Eifer sah er in den Tugenden der Demut und des Vertrauens weitere wichtige Bedingungen des christlichen Betens. Es ist selbstverständlich, dass er bei alledem – seiner grundlegenden theologischen Aufmerksamkeit bzw. Angst entsprechend – das ewige Seelenheil des Menschen im Blick hatte. Zu beten hieß für ihn ganz konkret, der Gemeinschaft mit Gott über den Tod hinaus nicht verlustig zu gehen, und er scheute sich nicht anzusprechen, was passieren würde, wenn ein Mensch nicht ausdauernd genug betet: Ein solcher Mensch würde verloren gehen.

Man braucht heutzutage der übergroßen Sorge um das ewige Seelenheil, durch welche Alfons geleitet war, für das Beten zu werben, vielleicht nicht in dem Maße zu folgen. Wer heute über das Gebet nachdenkt bzw. selber beharrlich zu beten versucht, wird wahrscheinlich eher das in der je gegenwärtigen Situation von Gott geschenkte Heil, die je aktuelle Rettung aus den trüben Gewässern des menschlichen Unheils betonen; und Alfons wusste selbst um diese Wirkung des Gebetes. Gerade weil er sich so sehr um sein eigenes Seelenheil wie um das Seelenheil anderer Menschen sorgte, war er oft innerlich aufgewühlt und erfuhr im persönlichen Zwiegespräch mit Gott innere Freiheit und Lebendigkeit. Für Alfons stand zudem fest, dass es Gottes Absicht ist, einen jeden Menschen zu retten. Darin sah er das große Angebot der göttlichen Liebe. Das Gebet ist so gesehen die liebende Antwort auf das vorausgehende Liebesangebot Gottes, und durch das Gebet wird die menschliche Liebe zu Gott bestärkt und gefördert. Es ist letztlich dieser Dialog der Liebe, in welchem die rettende und heilsame Bedeutung des Gebetes verankert ist. Alfons wusste im Übrigen um die zeitweisen Schwierigkeiten, denen Menschen ausgeliefert sind, wenn sie sich bemühen zu beten: die innere Trockenheit oder die Müdigkeit. Er war aber davon überzeugt, dass Gott einem jeden, der den ernsthaften Willen hat, die nötige Gnade zum Beten schenkt.

Was die Gebetsformen betrifft, pflegte Alfons in besonderer Weise das Bitt- und Dankgebet, zugleich den Lobpreis und natürlich das durch die Betrachtung der großen Heilsgeheimnisse angeregte Staunen. In vielen seiner Schriften münden die einzelnen Kapitel und Abschnitte in ausführliche Gebetstexte, die er aus seiner eigenen gelebten Frömmigkeit heraus formulierte. Sein theologisches und spirituelles Gesamtwerk kann von daher als eine „kniende Theologie" bezeichnet werden, um eine bekannte Formulierung des großen Theologen Hans Urs von Balthasar (1905–1988) aufzunehmen.

Es wäre unangemessen, über das Gebetsverständnis von Alfons nachzudenken, ohne ihm beim Beten zuzuhören. Dies soll im Folgenden geschehen. Zitiert sei ein Gebet zum Heiligen Geist um die Gnade des rechten Betens. Es entstammt der Schrift „Via della salute" („Weg des Heils"): „Heiliger Geist, ich will nicht mehr in mir selbst verschlossen leben. Die Tage, die mir noch bleiben, sollen dazu dienen, dich zu lieben und zu deinem Wohlgefallen zu leben. Darum meine große Bitte an dich: Gib mir das Geschenk des rechten Betens. Komme in mein Herz und lehre mich zu beten, wie es sich geziemt. Schenke mir die Kraft, das Gebet auch in Zeiten der Trockenheit nie zu vernachlässigen. Schenke mir den Geist des Betens: die Gnade des Gebetes immer von dir zu erbitten und dich um das zu bitten, was deine Liebe mir am liebsten schenken möchte. Ich schien in meinen Sünden verloren, aber ich sehe, mit welch zarter Liebe du mir begegnet bist. Du willst mein Heil und rufst mich zur Heiligkeit. Ja, heilig will ich werden: dir Freude bereiten und immer mehr deine grenzenlose Liebe lieben. Dich liebe ich, höchstes Gut, meine Liebe, mein Alles. Und weil ich dich liebe, übergebe ich mich dir ganz."

DIE HOHE KUNST DES LOSLASSENS

Alfons von Liguori wurde 1816 selig- und 1839 heiliggesprochen und damit dem katholischen Volk als Vorbild und Beispiel für ein gelingendes christliches Leben hingestellt und zur besonderen Verehrung empfohlen. Auch er selbst orientierte sich in seinem Leben an zahlreichen Heiligen. Neben der Gottesmutter Maria sind vor allem Franz von Assisi (1181/82–1226), Antonius von Padua (1195–1231), Teresa von Avila (1515–1582), Johannes vom Kreuz (1542–1591), Aloisius von Gonzaga (1568–1591) und Franz von Sales (1567–1622) zu nennen. Schließlich kam er während seines Lebens mit einigen Menschen in Kontakt, die wie er später als Heilige verehrt wurden, etwa mit dem Jesuiten Franz von Hieronymo (1642–1716), einem Bekannten seines Vaters, oder mit Gerard Majella (1726–1755), einem Laienbruder aus der Kongregation der Redemptoristen. Alle Genannten haben in der einen oder anderen Weise der Anforderung entsprochen, die Liebe zu Gott und zu den Mitmenschen so gut wie möglich zu verwirklichen und in der Nachfolge Jesu Christi „bella figura“ zu machen (letzterer Begriff sei bei der Beschäftigung mit einem süditalienischen Heiligen ausnahmsweise gestattet). Heiligkeit ist aber nach uraltem kirchlichem Verständnis kein Eliteprogramm einiger weniger, sondern ein Ziel, das für alle Christen gilt. Alfons war sich dessen bewusst, und er sprach oft und gerne über den Weg und die notwendigen Schritte, wie dieses Ziel zu erreichen sei. Der Begriff „Heiligkeit“ nimmt in seinen geistlichen Schriften einen wichtigen Platz ein. Was verstand er darunter?

In der „Pratica di amar Gesù Cristo“ finden sich dazu einige bemerkenswerte Stellen. Gleich zu Beginn heißt es: „Die Heiligkeit eines Menschen besteht ganz und gar in der Liebe zu Jesus Christus, unserem Gott, unserem höchsten Gut, unserem Erlöser.“ Um diese These zu untermauern, zitierte Alfons den von ihm geschätzten Franz von Sales: „Manche sehen die Vollkommenheit in einem strengen Leben, andere im Beten, im häufigen Empfang der Sakramente oder im Almosengeben. Doch sie täuschen sich. Die Vollkommenheit besteht darin, Gott aus ganzem Herzen zu lieben.“ Ein wenig später unterstrich Alfons das Gesagte noch einmal: „Die Heiligkeit besteht ganz und gar in der Liebe; ohne sie sind die anderen Tugenden wie ein Steinhaufen. Die Liebe gibt den Geschmack an allem Guten.“ Das klingt nach einem einfachen Rezept. Ganz so einfach ist es allerdings nicht. Wenn sich Gott die Liebe zu den Menschen einiges hat kosten lassen, so muss die Liebe, welche die Menschen Gott zurückschenken, ebenfalls anspruchsvoll sein und ihnen manches abverlangen. Wichtig war für Alfons aber aufzuweisen, dass die Menschen im Grunde nichts verlieren, sondern nur gewinnen, wenn sie sich dem Anspruch unterziehen, nach der Heiligkeit zu streben. Sie gewinnen letztlich Gott selbst und damit Freude, Freiheit, Heil, Leben, Vertrauen, Zuversicht und vieles andere mehr.

Der hohe Anspruch der Liebe zu Gott und damit der Heiligkeit bestand für Alfons in zwei Haltungen, die er immer wieder ins Visier nahm. Es handelt sich zum einen um die Abkehr von allem, was den Weg zu Gott behindert oder gar in die Gegenrichtung führt. Dazu gehört vor allem eine zu große Sorge um das eigene Ich, welche einen Menschen nicht mehr über sich selbst hinausblicken lässt. Die nötige Offenheit, derer die Liebe bedarf, ginge dann verloren oder wäre nicht mehr in ausreichendem Maß vorhanden. Der Mensch würde aber in einem solchen Zustand verkümmern, denn ohne dass er sich öffnet, kann auch von außen keine Liebe – und sei es die göttliche – in ihn eindringen. Alfons verwendete im Zusammenhang mit der Abkehr von einer allzu selbstbezogenen Gesinnung häufig den Terminus „distacco", der mit „Trennung" oder „Loslösung" übersetzt werden kann. In unserer heutigen Gegenwart redet man gerne vom „Loslassen-können", was durchaus dem entspricht, was Alfons mit „distacco" meinte. Wenn ein Mensch loslassen kann, gewinnt er Freiheit, die letztlich auch ihm selbst wieder zugutekommt. Der Lernprozess loszulassen ist lebenslang. Er kann sich auf die kleinen Dinge des Alltags genauso beziehen wie auf die großen Umstände und Gegebenheiten des menschlichen Daseins.

Alfons sah sich in seinem Leben mehrmals vor die Herausforderung gestellt, die Kunst des Loslassens in großem Stil zu üben. Erinnert sei an den Abschied von seiner an sich glanzvollen Laufbahn als Anwalt, an sein Weggehen aus der Heimatstadt Neapel bei der Gründung der Kongregation der Redemptoristen oder an das Abstandnehmen von der unmittelbaren seelsorglichen und missionarischen Tätigkeit nach der Ernennung zum Bischof, aber auch an innere Loslösungsprozesse: etwa von seiner Familie, von einem strengen Gottesbild, von manchen allzu idealen Vorstellungen, zuletzt von seiner Gesundheit. Es liegt auf der Hand, dass ihm gerade diese inneren Loslösungsprozesse – wie einem jeden Menschen – manchmal besser, manchmal schlechter gelangen. Nie aber handelte es sich um ein „l'art pour l'art"-Verfahren. Immer war mit der Trennung von etwas eine Richtung, eine Weiterentwicklung, eine neue Lebensaufgabe verbunden. Letztlich brachte ihn die Trennung von früheren Umständen und Gegebenheiten, so sah er es auch selbst, Gott jeweils ein Stück näher.

Noch eine zweite Haltung war für Alfons mit der Liebe zu Gott und mit dem Streben nach Heiligkeit verbunden, er widmete dieser Haltung ein eigenes Buch, „Uniformità alla volontà di Dio" („Die Gleichförmigkeit mit dem Willen Gottes"), und nannte dieses später „il più gradito, il più bello", „das gefälligste und schönste" unter all seinen Büchern. Die Grundaussage lautet so: „All unsere Vollkommenheit besteht in der Liebe zu Gott, der aller Liebe würdig ist. Die Vollkommenheit der Liebe aber besteht in der Verbundenheit unseres Willens mit dem Willen Gottes." Alfons stützte sich mit dieser Aussage auf eine zutiefst menschliche Erfahrung: wenn zwei einander lieben, versuchen sie, in ihrem Willen eins zu sein. Je mehr sie eins sind, desto größer ist ihre Liebe. Der Wille ist das größte Geschenk, welches einer dem anderen zu geben vermag. Dasselbe gilt im Verhältnis zwischen Mensch und Gott: „Wer Gott seinen Willen schenkt, der schenkt ihm alles. Gibt man durch Almosen sein Geld, durch Geißelungen sein Blut, durch Fasten seine Speise: man gibt ihm nur einen Teil von dem, was man hat. Wer ihm aber seinen Willen schenkt, der gibt ihm alles." In der Theorie klingt dies alles gut. Wie stellte sich Alfons die Gleichförmigkeit mit dem Willen Gottes konkret vor? Im Grunde ging es ihm darum, dass der Mensch den verschiedensten Schwierigkeiten, mit welchen er im Leben konfrontiert ist, innerlich zustimmt, sie annimmt, zu ihnen Ja sagt.

Welche Schwierigkeiten hatte Alfons besonders im Blick? Er nannte Naturkatastrophen, persönliche Entbehrungen, menschliche Schwächen, Krankheiten, den Verlust geliebter

Personen, seelische Prüfungen, Beschimpfungen, Ungerechtigkeiten, Widerwärtigkeiten aller Art. Nicht zuletzt sah er auch mit dem Tod eine Situation herbeigeführt, die es anzunehmen gilt. Alfons redete aber nicht der blinden Resignation das Wort; vielmehr plädierte er für Gelassenheit angesichts der Belastungen und Härten des menschlichen Lebens. Letztlich ging es ihm auch hier um den „distacco", also die Haltung des Loslassens, denn wer dem Willen Gottes zustimmt, der muss notgedrungen Abstand nehmen von eigenen Plänen und Projekten, von selbstformulierten Wünschen und Vorstellungen.

Heiligkeit – so wird aus dem Gesagten deutlich – bedingt nach Alfons kein abgehobenes frommes Programm, der Weg zu ihr öffnet sich vielmehr im gelebten Leben. Das Leben als solches ist das Bewährungsfeld, auf dem der Mensch herausgefordert ist, seine Bereitschaft zur Liebe unter Beweis zu stellen und sich für die Nachfolge Jesu Christi als tauglich zu erweisen.

Im Zusammenhang mit dem großen Ziel der Heiligkeit sei zum Schluss noch auf deren Bedeutung für die von Alfons gegründete Gemeinschaft der Redemptoristen hingewiesen. In einem Rundschreiben an seine Mitbrüder vom Juli 1758 sagte er: „Seid davon überzeugt: Gott will keinen in der Kongregation, der nicht den aufrichtigen Wunsch hat, heilig zu werden." Es wird überliefert, dass Alfons einem jeden, der um Aufnahme bei den Redemptoristen bat, die Frage gestellt habe, warum er dies wünsche. Wenn der Bewerber zur Antwort gab, er wolle seine Seele retten, habe Alfons erwidert, dass man das auch in der Welt tun könne. Nur die Antwort „um heilig zu werden" habe bei Alfons Akzeptanz gefunden. Auch der Eintritt ins Kloster und die Bereitschaft zur apostolischen Tätigkeit erforderte die Kunst des Loslassens, also den Abschied von verschiedenen Gegebenheiten des bisherigen Lebens: materiellen, kulturellen, familiären etc.

CHRISTSEIN HEISST CHRISTWERDEN

Mehrfach wurde in den vorangegangenen Abschnitten bereits aus der Schrift „Pratica di amar Gesù Cristo" („Anleitung der Liebe zu Jesus Christus") zitiert. Alfons selbst hatte dieser Schrift großes Gewicht beigemessen. Er schrieb sie bereits angesichts der langsam heraufziehenden Abendröte seines Lebens, noch nicht von jener übergroßen Ängstlichkeit besetzt, welche ihn im hohen Alter neuerlich befallen sollte; erfüllt jedoch mit vielen Erfahrungen in seinem persönlichen Leben, im Zusammenleben mit anderen, im Leben als Priester, Seelsorger und nunmehr Bischof, nicht zuletzt weise geworden durch reiche Erfahrungen im geistlichen Leben mit allem, was sich in der Spannweite zwischen Gottesnähe und Gottesferne im Laufe der Jahrzehnte ergab. Mit der Schrift über die Liebe zu Jesus Christus lenkte Alfons seinen Blick auf die seiner Ansicht nach wesentliche Dimension des Christseins und legte zugleich dar, dass alles wirklich Wesentliche im Leben und im Glauben zugleich ganz einfach ist und nur auf diese Weise auch ganz wahr, ganz wahrhaftig. So jedenfalls kann die zugrundeliegende Intention der „Pratica di amar Gesù Cristo" verstanden werden.

Vom Gedanken an seine im Entstehen begriffene Schrift bewegt, schrieb Alfons in einem Brief an eine Ordensfrau: „Ich bin zur Zeit daran, ein Buch über die Liebe zu Jesus Christus zu schreiben, in dem ich viele schöne Dinge über die Liebe Jesu Christi zu uns und über unsere Liebe zu ihm sage." Darin also besteht für Alfons die wesentliche Dimension des Christseins: in der Liebe Jesu Christi zu uns und in unserer Liebe zu ihm. Liebe ist ein ganz einfaches Geschehen. Sie entsteht aus der existentiellen Betroffenheit, geliebt zu werden, und in der selbstverständlichen Erwiderung, den anderen ebenso zu lieben. Auf der Liebe lastet keine Verpflichtung von außen, kein Druck von Geboten oder Vorschriften, keine Nötigung – die

Liebe entwickelt sich von selbst, sie entflammt in den Herzen jener beiden, die von ihr betroffen sind. Deshalb ist sie so einfach und zugleich so wahr und wahrhaftig.

Im Grunde ist die Spiritualität, welche Alfons in allen seinen geistlichen Schriften lehrte und welche in der „Pratica" ihren intensiven Höhepunkt erreicht hatte, eine Ausformulierung jener zentralen neutestamentlichen Botschaft, die im Ersten Johannesbrief wohl am schönsten zusammengefasst ist: „Gott ist die Liebe, und wer in der Liebe bleibt, bleibt in Gott und Gott bleibt in ihm. Darin ist unter uns die Liebe vollendet, dass wir am Tag des Gerichts Zuversicht haben. Denn wie er, so sind auch wir in dieser Welt. Furcht gibt es in der Liebe nicht, sondern die vollkommene Liebe vertreibt die Furcht. Denn die Furcht rechnet mit Strafe, und wer sich fürchtet, dessen Liebe ist nicht vollendet. Wir wollen lieben, weil er uns zuerst geliebt hat" (1 Joh 4,16–19). Gewiss lassen sich in den Schriften von Alfons sehr schnell und in manchmal nicht kleiner Zahl Aussagen finden, die sich zu dieser Botschaft gegenläufig verhalten, aber in der Grundrichtung geht es ihm immer um die Liebe als Geschehen zwischen Gott bzw. Jesus Christus und dem Menschen.

Aus der „Pratica" leuchtet deswegen so stark der Gedanke der Einfachheit der Liebe heraus, weil Alfons die Aussage „Er hat uns zuerst geliebt" zum Fundament für das christliche Leben erklärte. In einem ersten Teil seiner Schrift handelte er einzig und allein von den großen Erweisen der Liebe Gottes zu den Menschen. Erst vor diesem Hintergrund beschrieb er die liebende Erwiderung der Menschen, die sich im Glauben, im Beten und in verschiedenen Haltungen des Lebens ausdrückt. Zusammenfassend charakterisiert ist diese Erwiderung in der Aussage von Alfons: „So große Liebe verlangt Gegenliebe."

Der berühmte Moraltheologe und Redemptoristenpater Bernhard Häring (1912–1998), langjähriger Professor an der

„Accademia Alfonsiana“ in Rom, brachte eine Übersetzung der „Pratica“ heraus, welche er mit dem Titel versah: „Jesus lieben lernen“. Die Absicht der Schrift von Alfons ist mit diesem Titel, auch wenn er sich nicht ganz an den Originaltitel anlehnt, gut wiedergegeben. Alfons ging es tatsächlich darum, die Menschen in der Liebe zu Jesus Christus zu unterweisen bzw. sie – wie jeder gute Lehrer es gerne tut – dafür zu begeistern. Doch war sich Alfons bewusst, dass er nicht der eigentliche Lehrmeister ist, denn die Liebe kann nicht gelehrt werden, wie ein Schulgegenstand. Liebe kann nur derjenige lernen, der sie zugleich erfährt, und so ist es zuerst und vor allem an Jesus Christus selbst, der die Menschen in der Liebe zu ihm unterweist.

In der Formulierung „Jesus lieben lernen“ kommt zum Ausdruck, dass es sich bei der Liebe zu Gott bzw. zu Jesus Christus um einen wirklichen Lernprozess handelt. Auch darin ist diese eine besondere Liebe jeder anderen Liebe gleich. Jede Liebe besteht in einem andauernden, ja lebenslangen, lebensbegleitenden Lernen. Wer liebt, hat nie ausgelernt, sondern muss immer wieder bereit sein, neue Erfahrungen zu machen bzw. neue Eigenschaften und Haltungen, mitunter auch neue Fähigkeiten und Fertigkeiten einzuüben. Christsein, so intendiert es die „Pratica“, heißt immer zugleich Christ zu werden. Wenn sich das Christsein nämlich aus der Liebe zu Jesus Christus konstituiert, dann bedarf es der Bereitschaft, diesem Ideal mehr und mehr zu entsprechen und es in jeder neuen Situation auch neu zu beleben. Nicht nur die Liebe bedarf somit eines lebenslangen Lernens, sondern auch das Christsein, das sich gerade in der stets neu sich ereignenden Liebe als Christwerden erweist.

Um das andauernde Christwerden eines Menschen zu unterstützen und zu fördern, bedarf es ganz konkreter Leitlinien, welche die Richtung zeigen. Alfons sah diese Leitlinien in den Tugenden. Im zweiten großen Teil der „Pratica“ behandelte er das paulinische Hohelied der Liebe (1 Kor 13,1–13). In diesem Zusammenhang entfaltete er eine richtiggehende Tugendethik. Folgende Tugenden sind seiner Meinung nach für die stets neue liebende Hinwendung zu Jesus Christus und damit für den beständigen Prozess des Christwerdens vonnöten: Geduld, Milde, Sanftheit, rechte Absicht, Vervollkommnung, Demut, heiliger Eifer, Loslassenkönnen, Suche nach dem Willen Gottes, Hingabebereitschaft und vor allem der Glaube, die Hoffnung und eine unbesiegbare Liebe. Gewiss wusste Alfons um die menschliche Fragilität und Schwachheit, all diese Tugenden umsetzen zu können. Aber er sah gerade darin eine hervorragende Voraussetzung dafür, dass Jesus Christus wiederum seine Liebe erweist, weil er hilft, die Tugenden auf dem Weg des Christwerdens zu leben, und dass damit ein neuer Grund gegeben ist, ihm mit Gegenliebe zu antworten.

APOSTOLAT UND SEELSORGE

Die Darstellung einiger wichtiger Grundzüge der Theologie und Spiritualität Alfons von Liguoris zeigte, dass der „Lehrer des Gebetes und der Barmherzigkeit" sowohl sein persönliches Leben wie auch den Umgang mit seinen Mitmenschen in der Erfahrung eines Gottes begründete, der Liebe ist. Aus dieser Einsicht heraus gestaltete er auch sein apostolisches und seelsorgliches Engagement, mehr noch: Diese Erfahrung eines liebenden Gottes war ihm ein Impuls, das weiterzuschenken, was ihm selbst geschenkt war, und damit andere Menschen an seiner eigenen Erfahrung teilhaben zu lassen. Es verwundert nicht, dass er auf dieser Basis ein leidenschaftlicher Seelsorger war und dass seine Leidenschaft nicht zuletzt in ein bewusstes missionarisches Engagement einmündete. Die Strahlkraft des Apostolates und der Seelsorge von Alfons kann mit einem Psalmvers charakterisiert werden, den er selbst der von ihm gegründeten Kongregation der Redemptoristen als Wappenspruch gab: „Bei Ihm (Gott bzw. Jesus Christus) ist Erlösung in Fülle" (Ps 130,7).

„EVANGELIZARE PAUPERIBUS"

Einer der Alfonsbiographen im 19. Jahrhundert, der aus dem Elsass stammende Redemptoristenpater Frédéric Kuntz (1832–1905), schreibt: „An der Verkündigung des Evangeliums für die Armen hatte Alfons seine besondere Freude." Es hat sich bereits in der Darstellung des Lebenslaufes von Alfons gezeigt, wie sehr ihm an der Nähe zu den Armen und Benachteiligten seiner Zeit lag, welche Liebe er zu ihnen empfand und wie stark er von dem Verlangen und der Sehnsucht ergriffen war, gerade ihnen das Evangelium zu verkünden. Sie sah er als die ersten und wichtigsten Adressaten seiner seelsorglichen Tätigkeit. Das Apostolat an ihnen verstand er als seine ureigenste Berufung. Das wurde in seinen ersten Priesterjahren in Neapel ebenso deutlich wie in den Motiven, welche ihn zur Gründung der Kongregation der Redemptoristen führten, und nicht zuletzt auch in seinem Wirken als Bischof von Sant'Agata dei Goti.

Verschiedene Autoren, welche sich mit Alfons beschäftigten, haben diese leitende Absicht seines pastoralen Handelns mit der lateinischen Kurzformel „Evangelizare pauperibus" zusammengefasst: „den Armen das Evangelium verkünden" (wörtlich: „die Armen evangelisieren"). Diese Kurzformel leitet sich von der lateinischen Version einer Stelle aus dem Lukasevangelium her, welche für Alfons und seine Gefährten in der Kongregation der Redemptoristen von zentraler Bedeutung war: „Der Geist des Herrn ruht auf mir; denn der Herr hat mich gesalbt. Er hat mich gesandt, damit ich den Armen eine gute Nachricht bringe (evangelizare pauperibus misit me); damit ich den Gefangenen die Entlassung verkünde und den Blinden das Augenlicht; damit ich die Zerschlagenen in Freiheit setze und ein Gnadenjahr des Herrn ausrufe" (Lk 4,18–19, vgl. Jes 61,1–2).

Vor allem in den letzten Jahrzehnten wurde die Absicht „Evangelizare pauperibus" in zahlreichen Veröffentlichungen zur alfonsianischen Spiritualität und Seelsorge stark hervorgestrichen, nicht zuletzt deshalb, weil seit dem Zweiten Vatikanischen Konzil (1962–1965) in großen Teilen der katholischen Kirche die Sensibilität für Themen wie „Armut", „sozialer Ausgleich", „Gerechtigkeit" etc. gewachsen ist. Die verschiedenen Strömungen der Befreiungstheologie sind wohl bis heute der lebendigste Ausdruck für diese neue Sensibilität. Gerade in Lateinamerika wurde die Verkündigung des Evangeliums an sozial bedürftige, entrechtete und an den Rand gedrängte („marginalisierte“) Menschen zu einer Grundoption des kirchlichen Handelns, wenngleich diese Grundoption leider nicht von allen geteilt oder von manchen sehr einseitig verstanden wird.

Es wäre allerdings vermessen, in Alfons von Liguori einen frühen Vertreter der Befreiungstheologie zu sehen. Einer solchen Deutung widerspricht in erster Linie der Umstand, dass er sich in seiner Seelsorge und Verkündigung zwar ausdrücklich und bevorzugt an die Armen wandte, er es aber nicht vordringlich als seine Aufgabe ansah, soziale Ungerechtigkeiten oder Abhängigkeiten zu beseitigen. Er wollte, so wie er es bei jeder anderen gesellschaftlichen Gruppe getan hätte, für das Seelenheil der Armen sorgen, für ihr ewiges Glück und für ein irdisches Leben, in dem der Weg zu diesem ewigen Glück einigermaßen abgesichert ist. Durch die Verkündigung des Evangeliums auch die Ursachen der Armut zu beleuchten und zu versuchen, sie zu bewältigen, war nicht sein Hauptinteresse. Insofern tat Alfons keinen Schritt über den Grundhorizont der Theologie seiner Zeit hinaus, und er schlug auch keine Breschen in das herrschende gesellschaftliche System. Er war weder ein Sozialrevolutionär noch ein Sozialfürsorger. Bemerkenswert ist dennoch, dass es ihm gelang, den Weg zu den Armen zu finden, in ihre Lebenswelt einzutauchen und vor ihrem tristen Alltag keinen Ekel zu empfinden. Dies ist vor dem Hintergrund seiner Zeit und seiner eigenen sozialen Herkunft aus dem Adel nicht wenig.

Es war also die seelisch-religiöse Not der armen Menschen seiner Zeit, von der Alfons in besonderer Weise berührt war und welcher er versuchte, Abhilfe zu verschaffen. Arm waren die Armen in seiner Sichtweise neben ihrer materiellen Bedürftigkeit und über diese hinaus vor allem deswegen, weil sie kaum jemanden hatten, der ihre innere Leere wahrnahm und sich um ihr Seelenheil kümmerte. Sie waren für ihn „wie Schafe, die keinen Hirten haben" (Mk 6,34), weil sie zu wenig im Blick der normalen kirchlichen Seelsorge standen. So tritt für ihn zum Begriff der Armut noch ein weiterer Begriff hinzu: das Verlassensein. Er fühlte sich zu den am meisten Verlassenen gesandt: zu jenen, mit denen die Priester seiner Zeit Berührungsängste hatten oder vor denen sie Abscheu empfanden. Es war dieses Verlassensein, diese mangelnde Berücksichtigung, dieses Übersehenwerden der Armen, wodurch sein Herz angerührt wurde. Die von der herkömmlichen Pastoral zu wenig in den Blick genommenen Menschen waren seiner Meinung nach in ihrem Seelenleben sich selbst überlassen und damit auch vielen Gefahren ausgesetzt, in besonderer Weise natürlich der Gefahr – für Alfons ist dies die wichtigste Sorge –, das ewige Heil zu verlieren. Deswegen fühlte er sich in besonderer Weise zu den Armen berufen, um ihnen das Evangelium zu verkünden und ihnen die Reichtümer des christlichen Glaubens in den Sakramenten zu schenken. Für diese am meisten verlassenen Menschen war er in erster Linie ein Lehrer des Gebetes und der Barmherzigkeit. Seine Seelsorge war in Wort und Tat eine Antwort auf die religiöse Armut der Menschen seiner Zeit.

Noch eine weitere Komponente ist für die richtige Einordnung des Leitmotivs „Evangelizare pauperibus" wichtig: Alfons und die von ihm gegründete Kongregation der Redemptoristen widmeten sich vornehmlich den religiös unterbetreuten ländlichen Gebieten. In den Städten, vor allem in den Hauptstädten, war genug Klerus vorhanden. Wer – in heutiger Terminologie – zum kirchlichen Aktivsegment gehörte, brauchte um die entsprechende Versorgung mit Gottesdiensten, Andachten und Katechesen nicht zu fürchten. Und selbst die der Kirche fernstehenden Menschen, die freilich häufig zu den ganz armen Bevölkerungsschichten in den Städten gehörten, fanden Aufmerksamkeit seitens jener Priester, welche über ihre üblichen Aufgaben und Pflichten hinausblickten und ein echtes seelsorgliches Interesse entfalteten. Die Tätigkeit von Alfons selbst war in seinen ersten Priesterjahren, wie zu sehen war, auf die Fernstehenden in der sozial benachteiligten und verwahrlosten Einwohnerschaft von Neapel fokussiert. Im Grunde war also die Seelsorge in den Städten flächendeckend organisiert, und es fanden sich immer wieder engagierte Vertreter des Klerus, die bereit waren, auch in den gesellschaftlichen Randzonen zu wirken.

Am Land hingegen war die Situation anders. Einerseits fanden sich dort für die Übernahme von Pfarrgemeinden weniger Geistliche als in den Städten, und wenn sie sich fanden, so waren sie in der Regel intellektuell, spirituell und auch sittlich weniger qualifiziert. Hinzu kam, dass das Netz pastoraler Handlungsorte äußerst weitmaschig war. Zwar gab es überall Kirchen und Kapellen, doch nicht wenige waren heruntergekommen, und die Menschen waren in vielen Ortschaften und Dörfern in religiöser Hinsicht auf sich alleine gestellt. Es nimmt deshalb nicht wunder, dass der Volksglaube in den ländlichen Gebieten besonders stark mit abergläubischen und heidnischen Elementen durchsetzt war. Das Leben der Menschen war oftmals nur äußerlich christlich geprägt. Alfons selbst berichtete im Approbationsgesuch für seine Gemeinschaft aus dem Jahre 1748, dass es im Hinterland von Neapel Menschen gebe, die bis zu ihrem Tod nichts von den Grundwahrheiten des Christentums gehört hätten. Hinzu kam eine gewisse sittliche Verrohung der Menschen. So wurden, um nur ein Beispiel zu nennen, neugeborene Knaben in den unteren Bevölkerungsschichten besser ernährt als Mädchen, weswegen die Sterblichkeitsrate bei den Mädchen in den ersten zwei Lebensjahren wesentlich höher war. Vor allem bei Tagelöhnern und Kleinhäuslern überstieg die Zahl der neugeborenen Knaben regelmäßig jene der Mädchen. Vergewaltigungen, Abtreibung, Kindsmord und ähnliche Phänomene kamen relativ häufig vor.

Die am meisten verlassenen Menschen waren vor diesem Hintergrund für Alfons am Land zu finden. Ihnen wollte er sich mit Leidenschaft und Ausdauer widmen. Es liegt auf dieser Linie, wenn die Redemptoristen im deutschsprachigen Raum im 19. und frühen 20. Jahrhundert – allerdings mit spöttischem Unterton – als „Landjesuiten" oder „Bauernjesuiten" bezeichnet wurden, denn die von Alfons gegründete Kongregation hatte sich auch über den ursprünglichen Entstehungskontext hinaus das Bewusstsein bewahrt, dass in den ländlichen Gebieten die religiöse Not mitunter größer sein konnte als in den Städten (was die Gegenwart betrifft, darf man in diesem Zusammenhang wohl in besonderer Weise an die vielen priesterlosen Landgemeinden denken). Wie in der Zeit von Alfons waren und sind die Volksmissionen – wenn auch heute unter anderem Namen (z. B. „Gemeindemission", „Glaubensmission", „Gemeindeerneuerung", „Glaubenserneuerung") und mit anderen Zielsetzungen und Methoden – ein probates Mittel, um dieser Not abzuhelfen.

DIE VOLKSMISSIONEN

Initiativen zur Glaubensvertiefung des christlichen Volkes gehörten in der Geschichte des Christentums – manchmal mehr, manchmal weniger – seit jeher zu den Grundelementen kirchlich organisierter Seelsorge. Seit dem 16. Jahrhundert wurden solche Initiativen vor allem mit Hilfe von Volksmissionen durchgeführt. Es war die Zeit der großen missionarischen Aufbrüche nach Amerika und Asien. Die Kirche begegnete damals kulturellen Systemen, die ihr völlig unbekannt waren, vor allem aber wurde sie mit der Tatsache konfrontiert, dass es außerhalb der ihr bekannten abendländischen

Gesellschaft eine schier unzählbare Menge von Menschen gab, welche von der Botschaft des Evangeliums keine Ahnung hatten. Diese Erfahrung war für viele Verantwortliche zum einen schockierend, zum anderen entzündete sich ein übergroßer, teilweise leider auch gewaltbereiter Eifer, die Menschen auf den anderen Kontinenten zu Christen zu machen und sie durch das Sakrament der Taufe in die Kirche einzugliedern. Dieser Eifer entstand aus der Besorgnis um das ewige Seelenheil jener, die man aus der eigenen Perspektive heraus als „Ungläubige" bezeichnete. Man sah keine Chance, dass jemand der Gnade Gottes teilhaftig würde, wenn er sich nicht zu den Grundwahrheiten des christlichen Glaubens bekannte und entsprechend den Weisungen der Kirche lebte. Erstmals seit Jahrhunderten war der Missionsauftrag Jesu im 16. Jahrhundert wieder ganz aktuell geworden: „Geht zu allen Völkern und macht alle Menschen zu meinen Jüngern, tauft sie auf den Namen des Vaters und des Sohnes und des Heiligen Geistes, und lehrt sie, alles zu befolgen, was ich euch geboten habe. Seid gewiss: ich bin bei euch alle Tage bis zum Ende der Welt" (Mt 28,19–20).

Die Volksmissionen innerhalb Europas wurden durch die Mission außerhalb Europas angeregt. Man erinnerte sich daran, dass Jesus, noch bevor er den Aposteln den Auftrag zur Weltmission gab, seine Jünger bereits in Israel ausgesandt hatte. Zwei Stellen aus den Evangelien dienten dabei in besonderer Weise als Motivation: „Danach suchte der Herr zweiundsiebzig andere Jünger aus und sandte sie zu zweit voraus in alle Städte und Ortschaften, in die er selbst gehen wollte" (Lk 10,1). Und: „Diese Zwölf sandte Jesus aus und gebot ihnen: Geht nicht zu den Heiden, und betretet keine Stadt der Samariter, sondern geht zu den verlorenen Schafen des Hauses Israel. Geht und verkündet: das Himmelreich ist nahe" (Mt 10,5–6). Ebenso wie die Ungläubigen in Amerika und Asien bedurften – so war man überzeugt – die Menschen im christlich geprägten Abendland einer neuen Verkündigung und Evangelisierung.

Bei alledem war auch die erschütternde Erfahrung bedeutsam, dass durch die protestantische Reformation der katholischen Kirche in weiten Teilen Europas die Gläubigen scharenweise davonliefen und sich der neuen Glaubensrichtung zuwandten. Die bereits im Spätmittelalter erhobene Forderung einer „Reform an Haupt und Gliedern" hatte auf diese Weise neue und brennende Aktualität gewonnen, und wer einigermaßen klar bei Verstand und Sinnen war, sah keine andere Lösung, als diese Reform nun endlich anzugehen. Die Volksmissionen dienten in diesem Verständnishorizont dazu, die Reform der „Glieder" der Kirche voranzutreiben. Es gab unterschiedliche Gruppierungen, die sich dieser Aufgabe widmeten. Vor allem nahmen sich einige große Orden wie die Jesuiten, Franziskaner und Kapuziner der Sache an. Bedeutsame Impulse wurden später auch durch einzelne Personen gesetzt. Zu nennen sind der Gründer der Lazaristen/Vinzentiner, Vinzenz von Paul (1581–1660), oder der italienische Franziskanermönch Leonardo da Porto Maurizio (1676–1751).

Alfons von Liguori hatte also die Volksmissionen als Methode der Glaubenserneuerung und Glaubensvertiefung nicht gänzlich neu erfunden. Ihm selbst waren ja bereits Erfahrungen in dieser Seelsorgeform während seiner Priesterzeit in Neapel zuteilgeworden, als er sich als Mitglied der „Kongregation der Apostolischen Missionare" an Volksmissionen beteiligte. Dennoch legte er nach der Gründung der Redemptoristen auf diese Art der Verkündigung ein stärkeres Augenmerk als bisher, und es formten sich im Laufe der Zeit auch Besonderheiten darin heraus, wie Alfons und seine Mitbrüder die Volksmissionen verstanden und durchführten. Aus diesem Grunde wurden – konträr zu heutigen Bemühungen – auch keine Anstrengungen unternommen, Mitglieder anderer Kongregationen oder religiöser Gemeinschaften an dieser besonderen seelsorglichen Aufgabe zu beteiligen. Vor allem die Dominikaner waren wegen ihres als zu streng bewerteten Verhaltens im Beichtstuhl von der Zusammenarbeit ausgeschlossen. Es entstand mit der Zeit ein eigener, unverwechselbarer Typus von Volksmissionen, der sich durch verschiedene Merkmale auszeichnete.

Das erste und grundlegende Merkmal der redemptoristischen Volksmissionen war zunächst, dass man die Berufung verspürte, den am meisten verlassenen Menschen in den ländlichen Gegenden das Evangelium zu predigen. Zu niemandem anderen fühlte man sich mehr gesandt, als zu jenen armen Bewohnern der kleinen Städte, Dörfer und Weiler, deren religiöse Bedürftigkeit von der damaligen Kirche so häufig übersehen wurde. Während es bis dahin üblich war, Volksmissionen an zentral gelegenen größeren Orten durchzuführen, gingen die Redemptoristen auch an entlegene Orte, um den Menschen dort zu begegnen, wo sie lebten. Alfons trat energisch für eine Dezentralisierung der Volksmissionen ein.

Ziel der redemptoristischen Volksmissionen war es, die religiös vernachlässigten Menschen in den ländlichen Gegenden neu zum christlichen Glauben und Leben hinzuführen und sie mit den Grundsätzen des Christentums vertraut zu machen. Großen Wert legte Alfons darauf, dass die Volksmissionen keine bloßen Strohfeuer blieben, er bemühte sich um Nachhaltigkeit. Sie schien ihm dann erreicht, wenn durch die Verkündigung der Missionare bei den Menschen eine wirkliche Bekehrung, also eine neue Hinwendung zum religiösen Leben, bewirkt wurde. Ihre Vollendung sollte die Bekehrung in der Beichte und der damit verbundenen Lossprechung von den Sünden finden. So vorbereitet, konnten und sollten die Gläubigen dann die Kommunion empfangen. Wenn man es erreicht hatte, dass im Rahmen von „Generalkommunionen" alle Bewohner eines Ortes den Leib des Herrn empfangen hatten, sah man das missionarische Werk fürs Erste als geglückt.

Typisch für die Volksmissionen der Redemptoristen war, dass die Patres nach etwa einem halben Jahr wieder zurückkamen, um eine Missionserneuerung zu halten. Diese Missionserneuerungen oder Nachmissionen sollten der Gefahr vorbeugen, dass der in den Menschen neu entzündete Glaubenseifer nach den Missionen bald wieder erlosch. Noch einmal versuchte man, durch Predigten und durch das Angebot der Beichte die bereits bewirkten Bekehrungen zu vertiefen und ihnen Beständigkeit zu verleihen. Vor dem Hintergrund der Art und Weise, wie man vor Alfons Volksmissionen durchgeführt hatte, waren solche Missionserneuerungen ein gänzlich neues Element. Der römische Kurienkardinal Gioacchino Besozzi (1679–1755), der sich im Jahre 1748 mit der Überprüfung des Regelentwurfes der Redemptoristen beschäftigte, bezeichnete die Missionserneuerungen als eine völlig einzigartige, singuläre Methode.

Um möglichen Vorurteilen gegenüber Kirche und Klerus vorzubeugen, verlangte Alfons bei den Missionen von sich und seinen Mitbrüdern einen möglichst einfachen Lebensstil. Schon der Weg der Missionare in die Ortschaften sollte nicht mit einem Fuhrwerk bewältigt werden, sondern zu Fuß oder auf einem Reittier. Wenn es nur irgendwie möglich war, bemühte man sich ferner, nicht in den Pfarrhäusern oder in sonstigen kirchlichen Gebäuden zu wohnen, sondern in anderen Unterkünften, die man für die Dauer der Missionen anmietete. In Frage kamen aber nur schlichte Behausungen. Auch das Essen und die Bekleidung der Missionare mussten bescheiden sein. Großen Wert legte Alfons ferner darauf, dass er und seine Mitbrüder für ihre missionarische Tätigkeit keine Entlohnung bekamen. Es sollte der Eindruck vermieden werden, man führe die Missionen durch, um Geld zu verdienen. Auch die Annahme von Geschenken und anderen Zuwendungen war verboten. Ein Gedanke aus der Aussendungsrede Jesu stand dafür Pate: „Umsonst habt ihr empfangen, umsonst sollt ihr geben“ (Mt 10,8).

Wichtig für die Volksmissionen der Redemptoristen war schließlich, dass sie nicht außerhalb der ordentlichen Seelsorge und des entsprechenden Bezugsrahmens stattfanden. In der Regel waren es die Bischöfe, welche die Einladung zur Abhaltung einer Mission aussprachen. Von den jeweiligen Ortsgeistlichen wurde erwartet, dass sie den Unternehmungen der Missionare keine Steine in den Weg legten, sondern fördernd wirkten; und außerdem, dass sie die in der Zeit der Mission eingepflanzten Impulse, etwa was das Frömmigkeitsleben betraf, weiterhin pflegten und die Gläubigen ihrer Pfarreien im religiösen und sittlichen Leben über die Mission hinaus motivierten. Für die Dauer einer Volksmission gab Alfons eine klare Vorgabe: Die Missionare sollten so lange vor Ort sein, bis wirklich alle Bewohner die Möglichkeit hatten, ihre Sünden in der Beichte zu bekennen und anschließend die Kommunion zu empfangen. In kleinen Dörfern konnte dies nach acht Tagen bereits der Fall sein, die durchschnittliche Dauer betrug fünfzehn Tage, in größeren Ortschaften oder kleinen Städten verweilte man manchmal auch länger, bis zu vierundzwanzig oder sogar dreißig Tage. Damit ausreichend Gelegenheit war, das Sakrament der Beichte zu empfangen, war der Beichtstuhl während der Missionen wenigstens sieben Stunden täglich besetzt.

Bei allem Bemühen, möglichst viele Bekehrungen zu bewirken, war es Alfons bewusst, dass dieses Ziel nicht schnell, sondern nur Schritt für Schritt zu erreichen war. Die Mission sollte außerdem den ganzen Menschen in all seinen Dimensionen ansprechen: Seele, Herz, Geist, Sinne, Gefühle und nicht zuletzt Phantasie. Von besonderer Wichtigkeit für den Erfolg der Volksmissionen war schließlich die Seelsorge an und mit Kindern. Gelang es, sie zu erreichen und zu begeistern, so wurden sie zu Multiplikatoren der Missionsidee, in gewisser Weise zu einem „verlängerten Arm der Missionare".

VERKÜNDIGUNG UND PREDIGT

Volksmission und Glaubensverkündigung gehörten für Alfons von Liguori untrennbar zusammen. Seine missionarischen Einsätze lebten von der expliziten Verkündigung der zentralen Heilsgeheimnisse und Glaubenswahrheiten. Die Menschen sollten dadurch neu auf Gott und sein Erlösungshandeln aufmerksam werden, es sollte ihnen die besondere Liebe Gottes in Jesus Christus deutlich werden, und sie sollten schließlich auch von den Konsequenzen hören, welche eine tiefe Annahme der Heilszusage Gottes für das eigene Leben erforderte. Belehrung, Unterweisung, Ermahnung, Ermutigung, Anleitung zum Staunen, Begeisterung – all diese Elemente gehörten zur Glaubensverkündigung durch die Missionare.

Für Alfons war die Glaubensverkündigung eine Herzenssache, es drängte ihn zu verkündigen. Er wollte weitergeben, was er selbst durch die Gnade Gottes erfahren hatte. Er wollte die Menschen staunend darüber machen, worüber er selber staunte. Er wollte seine Zuhörer zu einem besseren christlichen Leben bewegen, weil er selbst diesen Impuls immer wieder bei sich wahrnahm. Er wollte mitteilen, wie wichtig es ist, im Gebet den direkten Kontakt mit Gott zu suchen, weil ihm dieser Kontakt für seine eigene Person ungeheuer wichtig war. Er wollte Freude und Dankbarkeit gegenüber Gott bewirken, weil er aus seinem eigenen Leben wusste, dass diese Haltungen zu den Grundsäulen eines gelungenen Lebens gehören. Vor allem aber wollte er in seiner großen Sorge um das ewige Seelenheil zeigen, wie man als Mensch auf dem manchmal schwierigen und steinigen Weg durch das irdische Leben nicht verloren geht, sondern sicher zu Gott gelangt und der himmlischen Heilsgüter teilhaftig wird.

Die Predigten und Katechesen, welche Alfons und seine Mitbrüder bei den Volksmissionen hielten, dauerten meistens lange, eine Stunde war keine Seltenheit. Eingebaut war die Glaubensverkündigung durch die Missionare in kleine liturgische Feiern bzw. Andachten, bei denen zusammen mit dem Volk gebetet und gesungen wurde. Im Rahmen einer Messfeier zu predigen war damals nicht üblich. Vielfach hielt man die Predigten und Katechesen auch vor einzelnen Gruppen der Bevölkerung. Man sammelte entweder die Männer oder die Frauen, man holte die Angehörigen eines sozialen Standes zusammen, oder man widmete sich in gezielter Weise einer Altersgruppe. Da das gesellschaftliche Leben auf dem Land in der damaligen Zeit wenig Abwechslung kannte, hatten die Predigten und Katechesen der Missionare Ereignischarakter. Die Bevölkerung brauchte normalerweise nicht sonderlich zur Teilnahme motiviert zu werden. Auf Neugierde und Mundpropaganda war fester Verlass.

Worüber wurde auf den Volksmissionen gepredigt? Es gab einen fixen Themenkanon, der mehr oder minder bei allen Missionen eingehalten wurde. Die Themen entsprachen einerseits der damaligen Theologie und den seelsorglichen Grundanliegen der Missionare, andererseits waren sie auf das intellektuell eingeschränkte Fassungsvermögen der einfachen Leute, vor denen man sprach, abgestimmt. Es waren dementsprechend griffige und anschauliche Themen. Die Zuhörer sollten in ihrem Herzen ergriffen, in ihren Gefühlen bewegt und in ihrer Phantasie beflügelt werden.

Oft begann man die Missionen mit aufrüttelnden Ansprachen über die sogenannten „Letzten Dinge“ (Tod, Gericht, Hölle, Fegefeuer, Paradies). Von zentralem Stellenwert war die Predigt über Jesus Christus als den Gekreuzigten. Den Menschen sollte durch diese Predigt bewusst werden, dass der Sohn Gottes sein eigenes Leben für ihr Heil hingegeben hatte. Im Blick auf das Kreuz sollten sie die Radikalität der göttlichen Liebe wahrnehmen und erfahren. Weitere Predigten behandelten die Barmherzigkeit Gottes, welche besonders im Sakrament der Beichte erfahren werden konnte, sowie die Eucharistie als Sakrament der liebenden Zuwendung Gottes. Schließlich widmete man sich der Praxis des christlichen Lebens, vor allem der Meidung der Gelegenheit zur Sünde und der Beharrlichkeit im Guten. Zum Abschluss der Missionen hielt man häufig Katechesen über verschiedene Frömmigkeitsformen wie das Rosenkranzgebet oder die regelmäßige Betrachtung des Leidens Christi. Dabei ließ man es auch nicht an konkreten Handlungsanleitungen fehlen.

Einen wichtigen Stellenwert hatte bei den Volksmissionen die Predigt über die Gottesmutter Maria. Durch diese Predigt sollten in besonderer Weise die Gefühle der Menschen bewegt werden mit dem Ziel, ein Gegengewicht zum Ernst der ewigen Wahrheiten und der dadurch bewirkten Furcht vor Gott zu setzen. Alfons war es ein Anliegen, dass über Maria in ihrer Rolle als Gnadenvermittlerin und Zuflucht der Sünder gesprochen wurde, nicht über irgendein anderes marianisches Thema. Gerade in den Tagen der Mission sollten die Menschen Maria als besondere Fürsprecherin wahrnehmen, vor welcher selbst die größten Sünder keine Scheu zu haben brauchten. Entsprechend häufig wurden im Rahmen der Volksmissionen auch marianische Lieder gesungen und entsprechende Gebete gesprochen. Für Alfons war die Gottesmutter in gewisser Weise die eigentliche Missionarin. Wenn es gelang, das Herz eines Menschen für die Liebe zu ihr zu gewinnen, galt ihm dessen Bekehrung als mehr oder minder sichere Sache. Die Missionare hatten deshalb, wenn sie predigten, auch immer eine Marienstatue in der Nähe, meistens handelte es sich um eine Mater-dolorosa-Figur, also um eine Darstellung der sogenannten „Schmerzhaften Muttergottes".

Was den Stil und die Form der Predigten und Katechesen betrifft, legte Alfons großen Wert auf Einfachheit und Volksnähe. Das betraf bereits den Ort, von dem aus gesprochen wurde. Wenn es möglich war, bestieg man nicht die Kanzel, sondern predigte von einer niederen Tribüne unmittelbar vor den Leuten. In rhetorischer Hinsicht wurde Alfons nicht müde, für eine Sprache zu werben, die dem Volk tatsächlich zugänglich war. Er verlangte Klarheit und Verständlichkeit und wandte sich gegen jede Form von übermodulierter oder künstlicher Sprache. Der Prediger sollte sich seiner Meinung nach am Tonfall eines Gesprächs zwischen zwei Menschen orientieren, außerdem sollte er auf die lokalen Sprechgewohnheiten der Zuhörer eingehen, freilich ohne vulgär zu werden. Alfons selbst verwendete in seinen Predigten immer wieder Dialektausdrücke.

All diese Forderungen standen in starkem Kontrast zu jener überdramatisierten und üppigen Barockrhetorik, derer sich zahlreiche Prediger der damaligen Zeit bedienten. Für Alfons zählte nicht, wie bei der Predigt etwas gesagt wurde, sondern was gesagt wurde. Zu predigen hieß für ihn, sich nicht in „heiliger Geschwätzigkeit" oder in hochtrabenden theologischen oder philosophischen Abhandlungen zu erschöpfen. In einem Rundschreiben an seine Mitbrüder aus dem Jahre 1773 betonte er: „Wir müssen Christus, den Gekreuzigten, predigen, und nicht uns selbst, seine Ehre und nicht unsere Eitelkeit." Eine kleine Episode vermag dieses Zitat zu illustrieren: Einer der Mitbrüder von Alfons, der überaus gebildete und von ihm in vielerlei Hinsicht hochgeschätzte Pater Alessandro di Meo (1726–1786), glitt in einer Predigt immer mehr in themenfremde Gedanken ab und landete schließlich bei einer Betrachtung über den griechischen Argonautenmythos. Da rissen Alfons die Nerven. Er hatte genug von der eitlen Beredsamkeit und schickte einen Laienbruder auf die Kanzel, um den Pater unverzüglich herunterzuholen.

BARMHERZIGE BEICHTSEELSORGE

Zu predigen hieß für Alfons das Wort Gottes auszusäen, den Menschen die Beichte abzunehmen bedeutete für ihn dagegen, die Früchte der Aussaat zu ernten. Nicht nur auf den Missionen, sondern auch sonst saß er oft und gerne im Beichtstuhl. Und nicht zu vergessen: Er selbst nützte das Sakrament der Umkehr und Versöhnung häufig, mindestens wöchentlich. Die Gewissensqualen, an denen er regelmäßig litt, seine Skrupulosität und sein übergroßes Sündenbewusstsein zwangen ihn förmlich dazu, immer wieder die Vergebung und Lossprechung in diesem Sakrament zu suchen. Seine eigene Erfahrung war, dass die Beichte einen Menschen innerlich frei machte, dass eine ängstliche Haltung gegenüber Gott umgewandelt wurde in ein neues Verhältnis, das von Liebe und Dankbarkeit geprägt war, und schließlich: dass auf diese Weise der Alltag leichter zu bestehen und die Beziehungen zu den Mitmenschen leichter zu leben waren.

Von Kindheit an hatte Alfons, angeleitet vor allem von seiner Mutter, die Praxis der häufigen Beichte eingeübt. Er frequentierte dabei in der Regel nicht wechselnde Beichtväter, sondern hatte in seinen Seelenführern – heute würde man sagen: „geistlichen Begleitern" – Priester, die ihn jeweils über eine längere Wegstrecke seines Lebens kannten und ihm mit großem Verständnis begegneten. So konnte er die Beichte besser und intensiver als Gnadengeschenk Gottes erfahren und im Namen Gottes auch für andere zum Schenkenden werden. Alfons war als Beichtvater wegen seiner Milde und Barmherzigkeit berühmt. Die Leute kamen gerne zu ihm, um ihre Sünden loszuwerden. In mehreren Büchern gab er auch Hinweise dafür, wie das Sakrament der Beichte von den Priestern auszuüben sei, um seinen heilsamen und befreienden Charakter zu entfalten. Diese Hinweise sind bis heute berücksichtigenswert. Die beiden berühmtesten Werke von Alfons, was die Beichte betrifft, heißen: „Pratica del confessore per ben esercitare il suo ministerio“ („Anleitung für den Beichtvater zur guten Ausübung seines Dienstes“) und „Istruzione e pratica per un confessore“ (Unterweisung und Anleitung für einen Beichtvater“). Das letztgenannte Werk wurde von Alfons selbst unter dem Titel „Homo apostolicus“ („Der apostolische Mensch“) ins Lateinische übersetzt und fand bis in das 19. und frühe 20. Jahrhundert weite Verbreitung.

Wichtig für die richtige Einordnung des Verständnisses der Beichte, wie Alfons von Liguori sie sah, ist der theologiegeschichtliche Hintergrund. Das Sakrament der Beichte hatte seit dem 13. Jahrhundert eine dogmatisch wie kirchenrechtlich genau festgelegte Gestalt. Als bedeutsam wurde angesehen, was der berühmteste aller mittelalterlichen Theologen, der Dominikanermönch Thomas von Aquin (1225–1274), über dieses Sakrament lehrte. Er stellte fest, dass zur Gültigkeit der Beichte drei Voraussetzungen notwendig seien: erstens die Reue des Sünders, zweitens das vollständige Bekenntnis aller Sünden und drittens die Genugtuung, also die Bereitschaft, begangenes Unrecht wiedergutzumachen und eine der Schwere der Sünden entsprechende Buße auf sich zu nehmen. Wenn der Beichtvater dann die Lossprechung erteilte, war das Sakrament vollzogen. In den rigoristischen Strömungen der Theologie und Seelsorge des 16. und 17. Jahrhunderts wurden all diese Elemente in besonders strenger Weise interpretiert. Es kam etwa zu einer Engführung darin, dass die Rolle des Beichtvaters fast ausschließlich als die eines Richters verstanden wurde, der genau zu überprüfen hatte, ob die Reue des Sünders tatsächlich vollkommen und sein Sündenbekenntnis bis in die letzten Kleinigkeiten hinein vollständig war.

Alfons sah die Rolle des Beichtvaters dahingegen nicht bloß eingeschränkt auf die Richterfunktion. Er selber war ja in seinem ersten Beruf Advokat gewesen, also Verteidiger und Anwalt. Auf dieser Linie liegt auch sein Verständnis des Beichtsakraments. Er war als Seelsorger Anwalt Gottes vor den Menschen, aber genauso umgekehrt: Anwalt der Menschen vor Gott und vor allem Anwalt der Menschen gegenüber jenen kirchlichen Tendenzen, in denen Sünde und Schuld einer überstrengen Beurteilung unterzogen wurden. Die wichtigste Aufgabe des Beichtvaters bestand für ihn darin, ein barmherziger Vater für die reumütigen Sünder zu sein, liebevoll und verständnisbereit, gütig und ermutigend. Eine zweite Funktion des Beichtvaters sah er in der Rolle des Arztes, der mit Klugheit und Sachverstand die Ursachen des Übels diagnostiziert und eine entsprechende „Therapie" bestimmt. Drittens war der Beichtvater für Alfons auch Lehrer, der aus der Fülle seines theologischen Wissens und seiner geistlichen Erfahrung darlegt, was er für die konkrete Situation als den Willen Gottes erkennt. Erst nach diesen drei Rollenbildern des Vaters, des Arztes und des Lehrers verwendete Alfons als letzte Funktionsbeschreibung die des Richters, und zwar in der Weise, dass durch das „Urteil" des Beichtvaters der Gerechtigkeit Gottes zum Durchbruch verholfen wird, freilich in dem Wissen, dass die göttliche Gerechtigkeit letztlich aus nichts anderem als aus Barmherzigkeit besteht.

In der damaligen Zeit war es an der Tagesordnung, dass Priester im Beichtstuhl die Lossprechung verweigerten. Sie waren sogar angehalten, sie zu verweigern, wenn nur der geringste Zweifel an der Vollkommenheit der Reue des Sünders oder an der Vollständigkeit seines Bekenntnisses bestand. So hieß es etwa im Schlussdokument einer Synode der Erzdiözese Neapel im Jahre 1726, ein halbes Jahr vor der Priesterweihe von Alfons: „Im Herrn ermahnen und beschwören wir alle Beichtväter: Setzt euch nicht selbst der ewigen Verdammnis aus, indem ihr zu schnell bereit seid, Lossprechungen zu erteilen. Die Priester sollen denen die Lossprechung verweigern, die gewohnheitsmäßig in die Sünde zurückfallen oder die in nächster Gelegenheit zur Sünde leben." Es ist vor diesem Hintergrund überaus bemerkenswert, wenn Alfons gegen Ende seines Lebens sagte, er habe niemals jemandem die Lossprechung vorenthalten, und diese Praxis auch seinen Mitbrüdern empfahl. Er war überzeugt, dass es nur auf diese Weise möglich sei, einen Menschen auf den Weg des Guten zu bringen. Seine diesbezügliche Haltung erinnert an eine bekannte Aussage des von ihm hochverehrten Kirchenlehrers Franz von Sales (1567–1622): „Seid so liebevoll, wie ihr könnt, und erinnert euch daran, dass man mit einem Tropfen Honig mehr Fliegen fangen kann als mit einem Fass voll Essig."

Alfons von Liguoris Grundanliegen im Bezug auf die Beichte war, dass er die Menschen in ein neues Verhältnis zu Jesus Christus führen wollte. Wer die Lossprechung empfangen hatte, sollte Jesus mehr lieben als vorher. Wie in der ganzen alfonsianischen Spiritualität war also das Motto „Jesus lieben lernen" auch in diesem Zusammenhang ein Hauptinteresse. Besonders gerne erinnerte Alfons die Menschen im Beichtstuhl an die Heilsgeheimnisse von Menschwerdung, Leiden, Kreuz und Tod und daran, dass diese Heilsgeheimnisse nicht bloß eine allgemeine, auf die ganze Welt oder die Menschheit bezogene Funktion haben, sondern eine ganz und gar individuell-persönliche: Jesus ist für jeden und jede einzeln Mensch geworden, er hat für jeden und jede einzeln gelitten, er hat für jeden und jede einzeln das schwere Kreuz auf sich genommen, er ist für jeden und jede einzeln gestorben. Für Alfons war die Beichte die bevorzugte Weise, wie ein Mensch die Früchte der Erlösung erfahren konnte. Sein erster Biograph, der Redemptoristenpater Antonio Tannoia (1727–1808), überliefert folgenden Satz aus dem Mund von Alfons: „Wer [als Priester] den Beichtstuhl nicht schätzt, hat keine Liebe zu den Seelen. Gerade hier wird ja dem Sünder das Blut Jesu zugewendet." Der Beichtvater hatte in der Sichtweise von Alfons nicht bloß die Aufgabe der Sündenvergebung, sondern auch zu helfen, dass das Leben eines Menschen zur Fülle kommt, denn es ist ja die Fülle des Heiles, welche im Erlösungshandeln Jesu Christi inmitten dieser Welt Wirklichkeit wurde.

Alfons machte sich auch Gedanken über das Schicksal jener Menschen, denen schlechte Erfahrungen im Beichtstuhl zuteilgeworden waren, denen also von Seiten der Priester nicht mit Barmherzigkeit und Güte, sondern mit rigoristischer Strenge begegnet wurde. Es verwunderte ihn nicht, dass solche Menschen sich vom Glauben abwandten. Der Redemptoristenpater Pietro Luigi Rispoli (1778–1846) hielt in seiner Biographie über Alfons fest, dass dieser seinen Missionaren oftmals eingeschärft habe, besondere Härten in der Beichte zu vermeiden. Sünder zu verschrecken oder sie zu verurteilen hieße, sie dem Materialismus oder einem praktischen Atheismus („pratico ateismo“) auszuliefern. Unter letzterem Begriff versteht die Theologie eine Lebenshaltung, welche zwar nominell an das Christentum gebunden ist, sich aber weder an den zentralen christlichen Glaubenshaltungen noch an den entsprechenden sittlichen Normen und Gebräuchen orientiert. Kurz und bündig gesagt: Schlechte Erfahrungen im Beichtstuhl sind dazu angetan, Menschen von Kirche und Glauben zu entfremden. Eine bedenkenswerte Mahnung – sie erhält besonderes Gewicht durch die Tatsache, dass Alfons im Jahre 1950 durch Papst Pius XII. zum Patron der Beichtväter erhoben wurde.

ANLEITUNG ZUM GEBET

Zu den wichtigsten Charakteristika der Seelsorge Alfons von Liguoris zählt, dass sie eine Schule des Gebetes und der Frömmigkeit war. Alfons war im Herzen überzeugt, dass das Gebet die Gottesbeziehung eines Menschen tiefer und reicher macht, dass das Gebet mitten im alltäglichen Leben das Vertrauen in die Hilfe Gottes stärkt und dass schließlich das Gebet einen Menschen, wie er sich auszudrücken pflegte, nicht verloren gehen lässt. Er war sich sicher, dass alle diejenigen, die oft und regelmäßig beten, gerettet werden und somit des ewigen Heiles teilhaftig werden.

Es wurde schon gesagt, dass die letzten Tage der Volksmissionen in aller Regel der Anleitung zu Gebet und Frömmigkeit dienten. Mit einem tieferen Gebetsleben, so war es die Absicht der Missionare, würden die auf den Missionen geschehenen Bekehrungen in den Menschen innerlich verankert. Das Gebet war für Alfons damit auch ein Mittel, mit dem ein Mensch seinen neu begonnenen oder nunmehr intensiver beschrittenen Glaubensweg gegen alle möglichen Gefahren absichern konnte. Bei all dem war sich Alfons aber ebenfalls bewusst, dass das reinste und schönste Beten stets zweckfrei passiert. Es verwirklicht sich im inneren Schauen der Geheimnisse der Heilsgeschichte wie des Heilshandelns Gottes in der eigenen Lebensgeschichte. Und jeder Mensch, der durch Gebet und Frömmigkeit zu dieser Schau gelangt, wird in die Haltung eines dankbaren Staunens geraten und Gott für seine Liebe und Güte lobpreisen. So lassen sich nach der Überzeugung von Alfons – wie aller anderen großen Lehrer des Gebetes – bereits mitten in diesem Leben und mitten im Alltag Erfahrungen des künftigen Heiles machen.

Der Seelsorger bzw. Missionar ist nach Alfons nicht bloß einer, der das Volk in Gebet und Frömmigkeit unterweist, vielmehr soll er ein Vorbild und Beispiel dafür sein, wie Beten und Frommsein „funktionieren". Er soll den Menschen weniger über das Beten erzählen, sondern sie durch die Art und Weise seines eigenen Betens dazu anleiten. Wie jede andere Haltung, jede andere Praxis, jede andere Technik, lernt man auch das Beten am besten an konkreten Modellen. Alfons legte deshalb großen Wert darauf, dass seine Missionare auch dann ihre ihnen vorgeschriebenen Gebetszeiten einhielten, wenn sie sich nicht im Kloster befanden, sondern auswärts tätig waren, und er legte ebenfalls Wert darauf, dass die Gebetszeiten der Missionare nicht im stillen Kämmerlein absolviert wurden, sondern in jenen kirchlichen Räumen, zu denen auch das Volk Zutritt hatte. So konnten die Leute am Gebetsleben der Missionare teilnehmen und daraus Erfahrungen schöpfen.

Weit wichtiger aber war noch etwas anderes: dass nämlich die Missionare nicht nur vor den Leuten beteten und ihnen damit sozusagen Modell standen, sondern dass sie mit ihnen beteten – und zwar in Formen, die dem einfachen Volk zugänglich waren und nicht bloß eine klerikale Elitefrömmigkeit reproduzierten. So bekam das Gebetsleben der Missionare letztlich selbst einen ganz einfachen Charakter und war fern von allen künstlichen oder überspannten Elementen. Es handelte sich also um einen lebendigen Austausch zwischen den Missionaren und dem Volk. Die einen konnten jeweils von den anderen lernen. Damit dieser Austausch auch in den Klöstern funktionieren konnte, hatten die ersten Niederlassungen der Redemptoristen keine eigenen Hauskapellen, sondern nur öffentlich zugängliche Kirchen und Kapellen.

Auf welche Gebetsformen legte Alfons für sich selbst, für seine Missionare und für alle Gläubigen besonderen Wert? Zunächst und vor allem ist die regelmäßige „Besuchung des allerheiligsten Altarsakraments“ zu nennen. Die bleibende Gegenwart Jesu Christi im Sakrament der Eucharistie gehörte zu den für Alfons wichtigsten theologischen und spirituellen Erfahrungen. Er sah in dieser bleibenden Gegenwart neben den Geheimnissen der Erlösung – Menschwerdung und Kreuz – eines der größten Geschenke, die Gott der Menschheit machen konnte. Entsprechend war ihm daran gelegen, dass dieses Geschenk eine große Wertschätzung erfuhr. Er selber ging nie an einer Kirche vorüber, ohne in sie einzutreten und dem Heiland und Erlöser der Welt zu begegnen. Der Tabernakel als Aufbewahrungsort der konsekrierten Hostien war ihm ein Fixpunkt seiner persönlichen Frömmigkeit. Entsprechend suchte er diese Haltung auch anderen zu vermitteln und vorzuschlagen. Im Grunde war es ihm darum zu tun, dass die Menschen ganz schlicht den im Tabernakel gegenwärtigen Jesus Christus besuchen. Im klösterlichen Leben der Redemptoristen gab es mehrere festgelegte Zeiten, an denen solche Betrachtungen vorgesehen waren, etwa nach dem Mittagessen oder später nach der nachmittäglichen Erholungszeit. Aber auch das christliche Volk sollte die Besuchung des Altarsakraments regelmäßig pflegen, um dadurch ein vertrauliches Verhältnis zu Jesus zu gewinnen. Daran war es Alfons nämlich gelegen: dass die Menschen durch ihr stilles Gebet vor dem Tabernakel in ihrer persönlichen Beziehung zu Jesus Christus wachsen und reifen.

Als Anleitung für die regelmäßige Besuchung des Altarsakraments veröffentlichte Alfons ein eigenes Büchlein „Visite al santissimo Sacramento e a Maria santissima" („Besuchungen des allerheiligsten Altarsakramentes und der Gottesmutter Maria". Es wurde im Laufe der Jahrhunderte immer wieder aufgelegt und in viele verschiedene Sprachen übersetzt. Für alle Tage eines Monats wurden in diesem Büchlein einfache Meditationen und Gebete angeboten, welcher sich die Gläubigen bedienen konnten, wenn sie still vor dem Tabernakel beteten. Die Texte hören sich etwa so an: „Meine Freude ist es, bei den Menschenkindern zu sein (Spr 8,31). Jesus war nicht damit zufrieden, aus Liebe zu uns auf Erden zu sterben; er wollte auch nach seinem Tod bei uns bleiben; er tut es im heiligsten Altarsakrament. So zeigt er uns, dass er seine Freude darin findet, unter den Menschen zu sein. (…) Sieh mich hier, mein Herr und Gott, vor deinem Altar, auf dem du Tag und Nacht für mich zugegen bist! Du bist die Quelle, aus der alles Gute quillt, du der Arzt gegen jedes Übel, du der Reichtum für jeden Armen. Sieh her auf den ärmlichsten Sünder, der in seiner Not um dein Erbarmen fleht! Hab Mitleid mit mir! (…) Ich liebe dich, Herr, aus der Tiefe meiner Seele, mit all meiner Liebeskraft, hilf du mir, dass ich dies in voller Wahrheit sagen kann, nicht nur in diesem Erdenleben, sondern die ganze Ewigkeit hindurch!"

Bezeichnend für die Frömmigkeit Alfons von Liguoris ist, dass in dem von ihm verfassten Besuchungsbüchlein zugleich auch die Gottesmutter Maria angesprochen wird. Er hielt es in seinem Gebetsleben in etwa so, wie es den Besuchsgewohnheiten in den adeligen Kreisen seiner Heimatstadt Neapel entsprach: Wenn jemand einem vornehmen Herrn seinen Besuch abstattete, dann erforderte es die gebotene Höflichkeit, am Ende des Besuches auch noch kurz die Dame des Hauses zu begrüßen. So schließen die täglichen Meditationen und Gebete vor dem Altarsakrament jeweils mit einem Blick auf Maria, etwa in folgender Art und Weise: „‚Ich bin die Mutter der schönen Liebe' (Sir 24,18), so sagt Maria von jener Liebe, die unsere Seele so schön macht. Die hl. Magdalena von Pazzi sah in einer Vision, wie die seligste Jungfrau umherging und dabei einen erquickenden Trank austeilte; dieses Getränk soll die Liebe zu Gott darstellen. Nur Maria teilt diese Gabe aus; von ihr also wollen wir sie erbitten. Meine Mutter, meine Hoffnung, lass mich ganz zu Jesus gehören!" Gewiss ist manches von dem, wie Alfons die Gottesmutter sieht, aus heutiger Sicht theologisch fragwürdig; etwa, was die zitierte Stelle betrifft, dass er das Wort von der „Mutter der schönen Liebe" direkt Maria in den Mund legt (in der Heiligen Schrift handelt es sich um ein Wort, welches die göttliche Weisheit über sich selber spricht) oder dass er Maria als die alleinige Austeilerin der Liebe zu Gott beschreibt – dennoch bleibt seine Gewohnheit, die Besuchung des Altarsakramentes mit einem Blick auf die Gottesmutter abzuschließen, durchaus auch heute noch empfehlenswert.

Es entspricht dem Charakter der Einfachheit, welcher den alfonsianischen Anleitungen zu Gebet und Frömmigkeit eigen ist, wenn er empfiehlt, dass auch die religiösen Zeichen des Alltags, etwa die Christus- und Marienbildnisse, welche sich auf den Straßen und Plätzen, an den Häuserfassaden und in den Wohnungen befinden, die entsprechende Würdigung erfahren sollen. Das heißt für ihn konkret, dass der gläubige Christ an keinem dieser Bildnisse achtlos vorübergehen, sondern einen kurzen Moment innehalten oder im Stillen ein Gebet sprechen solle.

Einen besonderen Stellenwert nimmt bei Alfons – es könnte anders nicht sein – das Rosenkranzgebet ein. Die Redemptoristen trugen seit Anbeginn einen langen Rosenkranz um den Gürtel ihres Ordenskleides. Die Gebetsschnur mit ihren Perlen war somit ein ständiger Wegbegleiter und wurde von den Mitgliedern der Gemeinschaft täglich gebetet, so konnten sie in einfacher und meditativ-wiederholender Form die zentralen Heilsgeheimnisse betrachten und fromme Gedanken daraus schöpfen. Alfons empfiehlt aus dieser Praxis heraus allen Gläubigen, sich des Rosenkranzes zu bedienen. In seinem großen mariologischen Werk „Le glorie di Maria" rät er zudem noch Folgendes: „Es muss auch noch bemerkt werden, dass es nützlicher ist, wenn man den Rosenkranz mit mehreren zusammen, als wenn man ihn alleine betet." Bei den Volksmissionen ermunterten er und seine Mitbrüder deshalb in besonderer Weise, dieses Gebet auch in den Familien zu pflegen; und selbstverständlich wurde der Rosenkranz auch während der Missionen zusammen mit den Leuten gebetet.

Wie den Rosenkranz, so schätzte und empfahl Alfons in besonderer Weise auch noch eine andere sehr volkstümliche Gebetsform, nämlich den Kreuzweg. In seinem Buch „L'amore delle anime" („Die Liebe zu den Seelen") lud er dazu ein, den Kreuzweg, wenn schon nicht täglich, so dennoch möglichst häufig zu beten. Denn, so führte er als Begründung an, wer

Passionsszenen betrachte, werde der großen Liebe Christi gewahr und dadurch selber zur Liebe zu Christus bereit: „Wer oft an die Schmerzen und die Passion Jesu denkt, für den ist es unmöglich, in sich keine Liebe zu ihm zu entfachen."

Einen besonderen Stellenwert nimmt bei Alfons schließlich die Methode des inneren betrachtenden Gebetes („orazione mentale") ein. Dieser Gebetsform widmete er auch zwei kleine Schriften: „Della necessità dell'orazione mentale" („Über die Notwendigkeit des betrachtenden Gebetes") und „Ristretto del modo di fare l'orazione mentale" („Kurzer Abriss über die Weise des betrachtenden Gebetes"). In besonderer Weise empfiehlt er diese Gebetsform den Priestern und Ordensleuten. Würden sie diese Gebetsform nicht nützen, sagt er, so würden sie letztlich auch die Quelle ihres geistlichen Lebens beseitigen.

Das betrachtende Gebet vollzieht sich nach Alfons in drei Phasen. Einleitend solle der Beter sich die Gegenwart Gottes bewusst machen, zugleich solle er sich selber vor Gott demütig fühlen und um Sündenvergebung bitten, und er solle um jene notwendige Erleuchtung bitten, die ihm erlaubt, das Gebet in guter Weise vollziehen zu können. Dazu würde es auch von Nutzen sein, ein „Ave Maria" zu sprechen. In der meditativen Hauptphase dieser Gebetsart solle der Beter einen Abschnitt aus einem geistlichen Buch lesen (heute würde man wohl eher einen Abschnitt aus der Bibel empfehlen) und über jenen Gedanken nachsinnen, der ihn innerlich am meisten beglückt. Als Früchte dieses Nachsinnens entstünden dann fromme Empfindungen, das explizite Gebet und konkrete Vorsätze für den Alltag. Wichtig ist für Alfons, dass dies alles mit einer gewissen Leichtigkeit passiert, ohne dass sich der Beter selber innerlich nötigt oder quält („con soavità e senza violenza"). In einer abschließenden Phase des betrachtenden Gebetes geht es nach Alfons dann schließlich darum, Gott für das empfangene Licht zu danken, ihm die konkreten

Vorsätze hinzuhalten und ihn um die Gnade zu bitten, dass man diese auch ausführen könne.

Alfons war nicht der Erfinder des betrachtenden Gebetes. Er steht mit seinen diesbezüglichen Erläuterungen und Empfehlungen auf dem reich gesättigten Boden einer langen kirchlichen Tradition, die zurückführt bis in die Zeit der Kirchenväter. Es kommt ihm aber das Verdienst zu, diese Gebetsform – auch wenn er sie hauptsächlich Priestern und Ordensleuten empfahl – mit einzelnen Einschränkungen auch dem einfachen Volk zugänglich gemacht zu haben. Er wollte auch hier keine Elitefrömmigkeit forcieren. Vor allem die zentralen Elemente des betrachtenden Gebetes, die frommen Empfindungen („affetti"), das explizite Gebet („preghiere") und die konkreten Vorsätze („risoluzioni"), erschienen ihm geeignet, das geistliche Leben eines jeden gläubigen Christen zu bereichern und zu vertiefen. In mehreren seiner Schriften finden sich dafür auch modellhafte Beispiele, so z. B. in der „Pratica di amar Gesù Cristo". Empfindungen, Gebet und Vorsätze sind dort oft eng ineinander verflochten, als Beispiel sei folgender Text zitiert: „Ihr seligen Bande, die ihr die Seelen an Gott bindet, bindet mich fester, damit ich mich nie mehr von der Liebe meines Gottes trennen kann! Dich, mein Jesus, liebe ich, mein Reichtum, Leben meiner Seele; an dich binde ich mich, dir übergebe ich mich ganz. Nie will ich aufhören, dich, meinen geliebten Herrn, zu lieben. (…) Mehr als alles andere schmerzt es mich, dass ich dir den Rücken gekehrt habe; mit deiner Gnade nehme ich mir vor, lieber zu sterben als dir zu missfallen, weder in großen noch in kleinen Dingen. Mein Jesus, ziehe mich ganz an dich. Auf sinnliche Tröstungen will ich gerne verzichten, und nur dich, sonst nichts suche ich. Schenke mir deine Liebe und dann tue mit mir, was du willst."

SEELSORGE MIT FEDER UND TINTE

Alfons von Liguori als theologischer und geistlicher Schriftsteller – auch diese Tätigkeit verdankte sich dem seelsorglichen Grundimpuls, der nach seinem Entschluss, Priester zu werden, sein ganzes Leben prägte. Seine ganze Arbeit hatte er seither unter pastoralen Gesichtspunkten gesehen, auch wenn sein Arbeitsort nicht immer nur der Beichtstuhl oder die Kanzel war, sondern häufig das Schreib- und Lesepult. Immer ging es ihm darum, den Menschen auf ihrem Weg zu Gott zu helfen und zugleich Gott einen Weg zu den Menschen zu ebnen. Selbstredend klar ist, dass sein schriftstellerisches Werk wie all seine seelsorgliche Tätigkeit aus einem lebendigen Gebetsleben hervorging bzw. vom Gebetsleben her wichtige Impulse empfing. Für alles, was Alfons gepredigt und geschrieben hat, gilt, was die beiden Apostel Petrus und Johannes in der Apostelgeschichte vor dem Hohen Rat zu Jerusalem mit kurzen, eindrücklichen Worten sagen: „Wir können unmöglich schweigen über das, was wir gesehen und gehört haben“ (Apg 4,20).

Alfons war ein äußerst produktiver Schriftsteller. Seine Werkliste umfasst nach offizieller Zählung 111 Titel, manche von ihnen wurden in den verschiedenen Kapiteln dieses Buches bereits genannt. Zu schreiben begann er bereits als junger Priester. Sein erstes Werk waren die „Massime eterne“ („Die ewigen Wahrheiten“), welches er um 1728 veröffentlichte. Doch erst nach der äußeren und inneren Konsolidierung der von ihm gegründeten Kongregation der Redemptoristen hatte er mehr Zeit und wohl auch mehr Gelassenheit, sich seiner schriftstellerischen Tätigkeit zu widmen. So veröffentlichte er wahrscheinlich 1745 die „Visite al santissimo Sacramento e a Maria santissima“ („Besuchungen des allerheiligsten Altarsakramentes und der Gottesmutter Maria“), 1748 kam die erste Auflage seines moraltheologischen Handbuches heraus, 1750 sein berühmtes mariologisches Werk „Le glorie di Maria“ („Die Herrlichkeiten Mariens“).

In rascher Folge publizierte Alfons seither eine Unzahl von Schriften. Es seien nur einige davon aufgezählt bzw. noch einmal erwähnt: „L'amore delle anime“ („Die Liebe zu den Seelen“, 1751), „Modo di conversare continuamente e familiare con Dio“ („Die Weise des beständigen und vertraulichen Sprechens mit Gott“, 1754), „Uniformità alla volontà di Dio“ (Die Gleichförmigkeit mit dem Willen Gottes“, 1755), „Pratica del confessore per ben esercitare il suo ministerio“ („Anleitung für den Beichtvater zur guten Ausübung seines Dienstes“, 1755), „Istruzione e pratica per un confessore“ (Unterweisung und Anleitung für einen Beichtvater“, 1757), „Breve trattato della necessità della preghiera“ („Kurzer Traktat über die Notwendigkeit des Gebetes“), „Novena del Santo Natale“ (Novene zum heiligen Weihnachtsfest“, 1758), „Il gran mezzo della preghiera“ („Das große Mittel des Gebetes“, 1759), „Homo apostolicus“ („Der apostolische Mensch“, 1759), „Verità della fede“ („Die Wahrheit des Glaubens“, 1762), „Via della salute“ („Weg des Heils“, 1766), „Pratica di amar Gesù Cristo“ („Anleitung in der Liebe zu Jesus Christus“, 1768), „Trionfo della Chiesa ossia Storia delle eresie colle lore confutazioni“ („Der Triumph der Kirche oder Geschichte der Häresien und ihrer Widerlegungen“, 1772), „Condotta ammirabile della divina Providenza in salvar l'uomo per mezzo di Gesù Cristo“ („Der wunderbare Plan der göttlichen Vorsehung, den Menschen durch Jesus Christus zu erlösen“, 1775).

Bei den Werken Alfons von Liguoris handelt es sich im Wesentlichen um Schriften, welche aus gewissen Anlässen heraus entstanden sind. Alfons entwickelte sein schriftstellerisches Gesamtschaffen also nicht organisch nach bestimmten Kriterien und Leitlinien, sondern ließ sich inspirieren von Themen, die ihm selbst auf dem Herzen brannten, die in der Luft lagen, die als Anliegen an ihn herangetragen wurden, die kontrovers diskutiert wurden usw. Die vielen frommen, erbaulichen Schriften, die er verfasste, waren ihm nichts anderes als Exerzitien bzw. Missionen mit anderen, eben literarischen Mitteln. Die Frömmigkeit und das religiöse Leben der Menschen sollte durch sie gefördert werden. Es handelt sich also nicht um Bücher, welche ein Gelehrter für Gelehrte schrieb, für wenige Auserwählte, vielmehr wollte Alfons für jedermann schreiben, für das Leben in seinen unterschiedlichen Situationen. Er wollte über seine Schriften auch jene erreichen, mit denen er als geistlicher Lehrer, Seelsorger, Beichtvater, Volksmissionar oder Bischof keinen persönlichen Kontakt pflegen konnte. Alle seine Schriften wurden mehrfach aufgelegt, und nicht wenige in andere Sprachen übersetzt. Sie blieben damit weit über seinen Tod hinaus bis in das 20. Jahrhundert hinein einflussreich, zum Teil sind sie es immer noch, vor allem in Italien, wo sie ihre erste Verbreitung gefunden hatten.

Blickt man auf die theologische und sprachliche Qualität der Bücher von Alfons, so wird man heute sagen müssen, dass sie – abgesehen von den Grundgedanken und Leitlinien – ihre einstige Bedeutung verloren haben. Alfons war nicht in erster Linie ein origineller, schöpferischer Theologe. Er zitierte in seinen Büchern manchmal bis zum Überdruss des Lesers aus den theologischen oder frommen Schriften anderer. Seine Theologie ist eine Theologie des Herzens und nicht des Kopfes. Was ihm zu Herzen ging, das baute er in die von ihm geschriebenen Texte ein. Ebenso wie mit den Gedanken verhält es sich mit der Sprache. Auch sie floss ihm oftmals unmittelbar aus dem Herzen. So ist vieles von dem, was er sagte und ausdrückte, durch und durch von Gefühlen und Emotionen geleitet und wirkt deshalb für den eher nüchternen Leser des 21. Jahrhunderts – insbesondere wenn er sich der Gefühlswelt Süditaliens nicht verwandt fühlt – überschwänglich, schwulstig und pathetisch. Andererseits: Alfons operierte mit den sprachlichen Mitteln seiner Zeit. Die Barockzeit hatte insgesamt einen starken Hang zum affektierten sprachlichen Ausdruck. Und außerdem: Die Sprache von Alfons war besonders in seinen erbaulichen Schriften die eines Liebenden. Es war sein Ziel, die Herzen der Menschen zu erreichen. Er wollte sie begeistern für die Liebe zu Gott. Und er war selbst ganz von dieser Liebe ergriffen.

Berühmt ist Alfons über seinen engeren Zeithorizont hinaus durch seine moraltheologische Arbeit geworden. Er war im 19. Jahrhundert – auch im deutschsprachigen Raum – einer der am meisten gelesenen Moraltheologen, vielfach aber waren seine Gedanken und Vorstellungen auch umstritten. Warum? Alfons galt – je weiter die Theologiegeschichte voranschritt, desto mehr – als ein typischer Vertreter der sogenannten „kasuistischen Moraltheologie", also einer Lehre vom sittlichen Handeln, welche nicht ein gedankliches System vom Menschen an sich und seiner Beziehungen zu Gott, zu den Mitmenschen, zur Umwelt und zu sich selbst entfaltete, sondern sich an einzelnen Fällen (lateinisch: „casus" – von daher „kasuistisch") des sittlichen Handelns abarbeitete. Mögliche menschliche Handlungen wurden in der kasuistischen Moraltheologie der Reihe nach bezüglich ihrer Erlaubtheit bzw. Sündhaftigkeit beurteilt. Das so akzentuierte Denken war über Jahrhunderte prägend und hatte seinen eigentlichen Ursprung nicht in einem grundsätzlichen Nachsinnen über Gott, Welt und Mensch, sondern in der ganz konkreten Anforderung, dass Beichtväter in den verschiedensten Situationen, welche das menschliche Leben mit sich bringt, zu einem richtigen Urteil finden müssten. Insofern handelte es sich um eine höchst eingeschränkte theologische Sicht. Um es mit einem Sprichwort zu sagen: Vor lauter Bäumen war oft der Wald nicht mehr sichtbar. Gewiss gab es in der kasuistischen Moraltheologie auch tragende Grundvorstellungen und Leitgedanken, aber diese Vorstellungen und Gedanken sind in den Schriften der Kasuisten oft kaum erkennbar – oder es bedarf großer Anstrengung, sie zu entdecken. Alfons bildet in diesem Zusammenhang keine Ausnahme.

Positiv ist zu werten, dass die moraltheologischen Schriften von Alfons im Letzten aber doch wiederum als Seelsorge mit anderen Mitteln zu verstehen sind. Sie entsprangen nicht einem abgehobenen theologischen Denken, sondern ganz konkreten pastoralen Notwendigkeiten. Insofern waren sie eine Hilfe für diejenigen, welche seelsorglich – vor allem im Beichtstuhl – tätig waren. Seine erste moraltheologische Schrift verfasste Alfons zudem eigentlich nur für die jungen Mitbrüder, welche in die Kongregation der Redemptoristen eingetreten waren und sich im Studium auf die spätere seelsorgliche und missionarische Praxis vorzubereiten hatten. Er benützte dazu das Moraltheologiehandbuch des bekannten deutschen Jesuiten Hermann Busenbaum (1600–1668) mit dem Titel „Medulla theologiae moralis", welches in ganz Europa den Charakter eines Standardwerkes hatte. Alfons versah dieses Werk zunächst bloß mit verschiedenen Anmerkungen und Ergänzungen, um es seinen eigenen theologischen Vorstellungen und den Bedürfnissen der gesellschaftlichen Umstände seiner Zeit anzupassen. Das so bearbeitete Handbuch erschien 1748 erstmals in Neapel. Es fand guten Absatz, und Alfons baute seine Anmerkungen und Ergänzungen von Auflage zu Auflage immer mehr aus, so dass allmählich ein eigenständiges Werk entstand. Auf dem Titelblatt der sechsten, dreibändigen Auflage war schließlich nur mehr sein eigener Name zu lesen. Die letzte zu seinen Lebzeiten erschienene Auflage (1785) – es war die neunte – hatte schließlich vier Bände und fand bereits in ganz Europa Aufmerksamkeit.

Trotz aller Einschränkungen, welche die Methode der kasuistischen Moraltheologie mit sich brachte, lassen sich bei Alfons bemerkenswerte innovatorische Ansätze erkennen. Die damaligen Moraltheologen waren im Großen und Ganzen in zwei Lager geteilt. Dabei ging es um die ewig bedeutsame Frage nach dem richtigen Verhältnis von Gesetz und Freiheit, sittlicher Norm und menschlichem Gewissen. Während bei den einen der Schwerpunkt mehr auf dem ersten Aspekt lag, also Gesetz und Norm, betonten die anderen den zweiten, Freiheit und Gewissen. Die Vertreter der beiden Lager warfen einander gegenseitig die Extreme vor, zu denen das Denken der jeweils anderen führen konnte. Dies war auf der einen Seite ein strenger Rigorismus, der vom sittlichen Handeln der Menschen fast unerfüllbare Höchstleistungen verlangte. Auf der anderen Seite war es ein Laxismus, der die Anforderungen an das sittliche Handeln auf ein Minimum reduzierte. Alfons ging in den Diskussionen, welche zwischen den beiden Lagern geführt wurden, einen Mittelweg. Er wollte sowohl den allgemein gültigen Normen wie auch den individuellen Verhältnissen und Situationen der Menschen Rechnung tragen. Eine wichtige Rolle spielte bei ihm die von Gott erleuchtete menschliche Vernunft. Er forderte, dass ihr in den menschlichen Gewissensentscheidungen das entscheidende Urteil zukommen müsse. Dass es Alfons in der Beurteilung menschlicher Gewissensentscheidungen immer um die Haltung der Barmherzigkeit zu tun war, ist vor dem Hintergrund seiner eigenen seelsorglichen Orientierung selbstverständlich. Letztlich entsprach es für ihn dieser barmherzigen Haltung, wenn er in Zweifelsfällen dem menschlichen Gewissen immer den Vorrang gab, ohne freilich Gesetz und Norm außer Kraft setzen zu wollen. In seiner Zeit war dieser Ansatz ein Fortschritt, der eigentlich sogar über die Engführungen im Denken der kasuistischen Moraltheologie hinausführte. In der Einleitung zu seinem Werk „Homo apostolicus" fasste Alfons seine moraltheologischen Bemühungen in einer eindrücklichen Aussage zusammen: „Ich gab mir die größte Mühe, aus der Unzahl von Meinungen und Ansichten diejenigen auszuwählen, die einerseits den göttlichen und kirchlichen Geboten gebührend Rechnung tragen, andererseits aber keine ungebührlichen Lasten aufbürden, die Gott nicht auferlegt hat."

GEBET UND VERKÜNDIGUNG NACH NOTEN

So sehr die Bücher Alfons von Liguoris zu seinen Lebzeiten Verbreitung fanden, er konnte durch seine Seelsorge mit Feder und Tinte dennoch nicht alle seine Zeitgenossen erreichen. Besonders zur Hauptzielgruppe seiner pastoralen Tätigkeit, zu den armen Menschen auf dem Land, hatte er mit seinen Büchern keinen Zugang. Sie waren größtenteils Analphabeten. Schätzungen zufolge konnten im 18. Jahrhundert in den ländlichen Gebieten des Königreichs Neapel ungefähr 95 Prozent der Bevölkerung nicht lesen und schreiben, und selbst in der Hauptstadt Neapel soll es 60 Prozent Analphabeten gegeben haben. Es lag nicht zuletzt an diesem Umstand, dass sich Alfons noch eines anderen Mittels bediente, über seine unmittelbare Seelsorge hinaus, breite Bevölkerungskreise der damaligen Zeit zu erreichen. Es handelte sich um die Musik, vor allem um das religiöse Liedgut.

Alfons hatte seit seiner Kindheit eine große Affinität zur Musik, und er bewahrte sich diese Neigung bis ins hohe Alter. Trotz des spartanischen Lebensstiles in den Klöstern seiner Kongregation hatte er meistens ein Cembalo in seiner Nähe. Auf diesem Instrument hatte er es bereits als Kind zu einiger Meisterschaft gebracht. Wenn einzelne Mitbrüder aus irgendwelchen Gründen betrübt oder traurig waren, setzte er sich – so wird erzählt – ans Cembalo, um deren Gemüt durch sein Spiel wieder aufzuheitern. Vor allem aber war ihm dieses Instrument eine wertvolle Hilfe zur Begleitung religiöser Lieder, die er entweder für sich selbst sang oder anderen vorspielte. Für ihn war diese Art von Liedern eine intensive Form des Betens. Er hielt es mit einem dem Kirchenvater Augustinus von Hippo (354–430) zugeschriebenen Ausspruch: „Bis orat qui cantat" – „Wer singt, betet doppelt". Spielten in seinem Gebetsleben und seiner Verkündigung insgesamt Gefühle und Emotionen eine wichtige Rolle, so konnte er durch Lieder diese affektive Dimension noch steigern. Durch den Gesang fühlte er sich Gott, Jesus Christus und der Gottesmutter noch inniger verbunden, und es war ihm zeitlebens ein Anliegen, diese besondere Art der Verbundenheit auch anderen Menschen näherzubringen. Mit Hilfe der Musik, die er gezielt in seiner Verkündigung und Seelsorge einsetzte, wollte er unmittelbar und direkt die Herzen der Menschen erreichen, besonders die Herzen jener, an denen ihm besonders lag: der armen, ungebildeten, kleinen Leute.

Alfons komponierte selbst, er durchforstete aber auch das profane Liedgut seiner süditalienischen Heimat: die einfachen Volkslieder, die Kinderlieder, die Gassenhauer. Viele dieser einfachen Lieder beließ er in ihrer musikalischen Eigenart und unterlegte sie mit religiösen Texten, welche er selbst dichtete. Bereits um 1732/33 gab er eine erste Sammlung von in solcher Weise entstandenen religiösen Gesängen heraus. 1745 publizierte er eine weitere Liedsammlung. Die Gesänge waren sowohl musikalisch wie in ihrer Textgestalt so einfach, dass man sie leicht nachsingen konnte. Inhaltlich orientierten sie sich an den großen Themen seiner Spiritualität: Menschwerdung Gottes, Leiden Christi, Eucharistie, Gottesmutter Maria. In ihrer einfachen Sprache und ihrer gefühlshaften musikalischen Eigenart trafen sie die süditalienische Volksseele und fanden schnelle Verbreitung. Manche Lieder sind heute noch in regem Gebrauch. Am berühmtesten ist das Weihnachtslied „Tu scendi dalle stelle" („Du steigst von den Sternen herab"). Es ist das am meisten verbreitete Weihnachtslied Italiens. Giuseppe Verdi (1813–1901) sagte einmal, dass Weihnachten ohne „Tu scendi dalle stelle" nicht Weihnachten wäre. Ebenfalls bis heute bekannt ist ein anderes Weihnachtslied aus der Feder von Alfons: „Quando nascette ninno" („Als das

Kind geboren war“). Von seinen Marienliedern wird nach wie vor gerne gesungen: „O bella mia speranza“ („O meine schöne Hoffnung“). Das bekannte deutschsprachige Marienlied „Glorwürd’ge Königin“ geht ebenfalls auf Gedanken von Alfons zurück, wurde aber erst 1820 durch Johann Emmanuel Veith (1787–1876) in seine heutzutage übliche textliche Form gebracht. Veith war ein Schüler von Klemens Maria Hofbauer (1751–1820), der den Anfang für die Verbreitung der Redemptoristen außerhalb Italiens gesetzt hat und vor allem als „Apostel von Warschau und Wien“ in die Geschichte eingegangen ist.

Gerne setzte Alfons die von ihm verfassten oder gesammelten religiösen Lieder und Gesänge bei den Volksmissionen und sonstigen seelsorglichen Tätigkeiten ein. Sie dienten als Überleitung zwischen einzelnen Teilen der Verkündigung, vielmehr aber noch als Vertiefung der gepredigten Inhalte und als Anleitung der Gläubigen zu Gebet und Betrachtung. 1760 hielt Alfons Exerzitien in der Bruderschaftskirche Santissima Trinità dei Pellegrini („Heiligste Dreifaltigkeit der Pilger“) in Neapel. Für diese Exerzitien schrieb er eine geistliche Kantate, welche von Fachleuten als sein musikalisches Hauptwerk angesehen wird. Sie trägt den Titel: „Duetto per voci ed archi tra l’anima e Gesù Cristo“ („Dialog für Stimmen und Streicher zwischen einer Seele und Jesus Christus“. Das Originalmanuskript dieser Komposition wurde genau hundert Jahre nach der Entstehung im British Museum zu London wiederaufgefunden. Wie es dort hingelangte, liegt im Dunkel der Geschichte. Bei dieser Kantate handelt es sich um eine ergreifende Betrachtung des Leidens Jesu Christi bzw. der Liebe des Erlösers zur Seele eines Menschen. In einem Rezitativ besingt die Seele zunächst das durch Pontius Pilatus über Jesus verhängte Todesurteil und seinen schweren Weg zum Kalvarienberg. Dieser Meditation im Rezitativ folgt das Zwiegespräch zwischen der Seele und Jesus. Es soll im Folgenden als ein weiteres Beispiel für die Spiritualität und Theologie Alfons von Liguoris, aber ebenso für seine seelsorgliche Zielsetzung und nicht zuletzt für sein einfaches persönliches Beten zitiert werden.

Seele:	Dove, Gesù, ten vai?	Wohin gehst du, Jesus, wohin?
Jesus:	Vado per te a morir.	Ich gehe für dich in den Tod.
Seele:	Dunque per me a morire ten vai, mio caro Dio! Voglio venire anch'io, voglio morir con te.	Um für mich also zu sterben gehst du dahin, mein lieber Gott! Auch ich will kommen, will sterben mit dir.
Jesus:	Tu resta in pace, e intendi l'amore che ti porto; e quando sarò morto, ricordati di me. Restane dunque, o cara, e in segno del tuo amore, donami tutto il cuore, e serbami la fe'.	Bleibe du in Frieden, und verstehe die Liebe, die ich dir erbringe; und wenn ich gestorben bin, erinnere dich meiner. Bleibe also, meine Liebe, und als Zeichen deiner Liebe schenk' mir dein ganzes Herz und bewahr' mir den Glauben.
Seele:	Sì, mio Tesor, mio Bene, tutto il mio cuor ti dono; e tutta quanta io sono, tutta son tua, mio Rè.	Ja, mein Schatz, mein höchstes Gut, ich schenke dir mein ganzes Herz; und alles, was ich bin, alles ist dein, mein König. *(eigene Übersetzung)*

SCHLUSSWORT

Die Person, das Werk und das seelsorgliche Schaffen Alfons von Liguoris waren in den mehr als 200 Jahren, die seit seinem Tod zurückliegen, mit verschiedenen Betrachtungsweisen konfrontiert – sie bewegten sich zwischen ehrfürchtiger Verehrung und heftiger Ablehnung. Auch unter Personen von Rang und Namen gab es solche, denen Alfons wie ein intimer geistlicher Freund war, und andere, die sich nichts mit ihm anzufangen wussten.

Einer seiner großen Verehrer war interessanterweise der dänische Philosoph Søren Kierkegaard (1813–1855). Dieser nannte ein Betrachtungs- und Gebetsbuch sein Eigen, in welchem verschiedene kleine Schriften von Alfons abgedruckt waren. Wohl häufig hatte er es in Händen, denn das Buch enthält zahlreiche angestrichene Stellen und handschriftliche Bemerkungen, und immer wieder kam er auch in seinen Tagebüchern auf das Buch zu sprechen. In besonderer Weise hatte es Kierkegaard ein Vers aus der von Alfons verfassten Kreuzwegandacht angetan: „Süßer Jesus, um zu sterben, gehst du hin aus Lieb' zu mir: um das Leben zu erwerben, lass mich sterben, Herr, mit dir!" Der Philosoph notierte sich dazu: „Das ist ein herrlicher Vers!", und andernorts schrieb er: „Dieser wunderschöne Vers könnte auf das Titelblatt meiner ‚Leidensgeschichte' gedruckt werden" *(zit. n. O. Weiß, Wer war Alfons von Liguori, s. Literaturverz., 407 f.)*. Offensichtlich konnte Kierkegaard eine Dimension seiner Lebenserfahrung mit der frommen Ausdrucksweise von Alfons gut in Einklang bringen. Die innige Gebetssprache des Kirchenlehrers gab der Einsicht in Verhältnisse seiner eigenen Existenz Gestalt und Form, und sie rührte sein Herz.

Ein anderer großer Geist des 19. Jahrhunderts tat sich dagegen mit Alfons und seinem Schrifttum äußerst schwer, obwohl er ein tiefreligiöser Mensch war. Es handelt sich um niemanden Geringeren als den englischen Theologen und Konvertiten John Henry Newman (1801–1890). Besonders war ihm das Buch der „Herrlichkeiten Mariens“ ein Dorn im Auge. Die dortigen Aussagen über die Gottesmutter empfand er als zu überschwänglich. Er sah in ihnen das beste Beispiel für jene seiner Meinung nach völlig überzogene Marienverehrung innerhalb der katholischen Kirche, welche ihm den Übertritt in diese am meisten erschwerten, obwohl er auf die Feststellung Wert legte, dass er gegen die Liebe zu Maria grundsätzlich nichts habe. Um mit den mariologischen Aussagen von Alfons zurechtzukommen, trifft Newman allerdings zwei bedenkenswerte Feststellungen. Erstens rückte er die Tatsache ins Licht, dass der Kirchenlehrer für Neapolitaner schrieb, „die er kannte, die wir jedoch nicht kennen“ *(Certain Difficulties felt by Anglicans in Catholic Teaching II, London 1914, 97 f.)*. Zum anderen sagt er: „Gefühl und Geschmack gehen oft andere Wege als die Logik“ *(Apologia pro Vita Sua, Mainz 1951, 228)*.

Stellt man die Aussagen von Kierkegaard und Newman nebeneinander, so deuten sie beide in eine Richtung, welche für die Einordnung und Interpretation der Gesamtpersönlichkeit von Alfons eine wichtige Rolle spielt. Der „Lehrer des Gebetes und der Barmherzigkeit“ war in seiner Religiosität ein Gefühlsmensch, in dieser Haltung besonders geprägt durch seine süditalienische Herkunft. Es mag mit dem Abstand von mehr als zwei Jahrhunderten viele Menschen geben, welche – insbesondere, wenn sie einem ganz anderen kulturellen Ambiente angehören – sich mit seinen frommen Emotionen schwertun und sie als Ausdruck ihrer eigenen Gebetssprache ablehnen. Andererseits mag es Situationen geben, in denen diese Emotionen dennoch zu Herzen gehen und wenigstens in Teilen annehmbar sind. Es handelt sich bei solchen Situationen um Lebensumstände, bei denen es nicht mehr auf die rationale Logik von Aussagen, sondern um die Wahrheit der

Sprache des Herzens geht – einer Sprache, deren Quellgrund die Liebe oder das Leiden ist.

Alfons war ein großer Liebender und ein großer Leidender. Diese beiden Haltungen haben ihn sowohl in seinem Gebetsleben wie auch in seinem Nachdenken „über Gott und die Welt“ und schließlich in seinem Selbstverständnis als Seelsorger geprägt und geformt. Liebe und Leiden bezogen sich bei ihm allerdings nicht auf sich selbst, jedenfalls nicht in erster Linie, obwohl er auch dazu – wie wohl jeder Mensch – Grund gehabt hätte. Seine Liebe und sein Leiden waren vielmehr auf anderes gerichtet: auf Gott und auf die Mitmenschen. Es war Gott, den er unsterblich liebte, und mit dem er zugleich unendlich mitlitt, weil so vieles in der Welt nicht dem göttlichen Heilsplan entsprach. Und es waren die Mitmenschen, denen er ebenfalls überaus liebevoll zugetan war und mit denen er Mitleid hatte, wenn es ihnen an materiellen oder seelischen, an zeitlichen oder ewigen Gütern fehlte. Alfons war so gesehen ein Mann voll Empathie, voll Einfühlungskraft und -fähigkeit in Verhältnisse, die er außerhalb seiner selbst wahrnahm. Solche Verhältnisse lehrten ihn jene Haltungen, die er anderen weiterzugeben versuchte: zu beten und barmherzig zu sein.

Von diesen Gedanken her lässt sich ein Weiteres sagen. Wenn Alfons eine so große Wahrnehmungsfähigkeit für die Verhältnisse außerhalb seiner selbst besaß, dann können wir in ihm einen „Mystiker der offenen Augen“ sehen, um ein Wort des Theologen Johann Baptist Metz aufzunehmen. Seine Wahrnehmung war selbst in der Beziehung zu Gott von offenen Augen bestimmt. Für ihn waren die konkreten und sichtbaren Zeichen der Liebe Gottes von besonderer Bedeutung. Aus diesem Grund entfaltete er seine ganze Theologie und Spiritualität um die Geheimnisse der Menschwerdung, des Leidens und der Eucharistie herum. Krippe, Kreuz, Altar oder anders: das kleine Jesuskind, der gekreuzigte Heiland und schließlich Jesus in der heiligen Hostie – all das war zumindest zeichenhaft mit den Augen wahrnehmbar. Umso mehr hatte er aber auch ein offenes Auge für Menschen in Elend, Krankheit oder Armut. Er liebte sie, weil er ihre Not tatsächlich bemerkte und an ihnen nicht einfach vorüberging.

„Evangelizare pauperibus" („die Armen evangelisieren") war, wie zu sehen war, eine leitende Orientierung für Alfons. Im Grunde könnte man aber auch das genau Umgekehrte behaupten: „evangelizari a pauperibus" („von den Armen evangelisiert werden). Alfons war nicht nur ein Lehrer der Armen, er lernte auch von ihnen. Ein Blick in ihre fahlen, trostlosen Gesichter verriet ihm wohl mehr über die unbedingte Notwendigkeit der göttlichen Liebe als viele kluge Bücher, die er dazu las. Und die Erfahrung der schnell aufsprühenden Freude, zu der die Armen zu allen Zeiten fähig waren und bis heute sind, konnte ihm ein Gefühl dafür schenken, was Heil und Erlösung konkret bedeuten. Schließlich ist noch der vielfache Hunger der Armen zu nennen, nicht nur der Hunger nach Brot, sondern auch der Hunger nach Leben, der Hunger nach Freiheit, der Hunger nach menschlicher Wärme. Es ist gut vorstellbar, dass Alfons sich gerade durch solche Erfahrungen bewusst wurde, was diese Güter wirklich bedeuten: Leben, Freiheit, menschliche Wärme – und dass sich auch so wiederum sein Empfinden für die großen Begriffe von Heil und Erlösung vertiefte. Auch das sind Wege, um zu einem „Lehrer des Gebetes" zu werden.

„Evangelizari a pauperibus" – dieses Wort ließe sich noch ergänzen mit einem anderen: „evangelizari a peccatoribus" („von den Sündern evangelisiert werden"). Was nützte die größte Reue über begangene Sünden, wenn sie nicht in eine noch größere Freude über die von Gott geschenkte Vergebung einmündet. Alfons war von seinen Skrupeln und Gewissensängsten nie ganz geheilt, aber er übte selbst große Barmherzigkeit gegenüber jenen Menschen, die mit ihren Fehlleistungen und Schwächen zu ihm kamen. Vielleicht war es ihm immer wieder aufgefallen, wie sehr die Sünde Bedingungen hatte, denen der Mensch trotz aller Freiheit nicht gewachsen ist. Und vielleicht konnte er gerade in solchen Situationen die Kraft der inneren Heilung wahrnehmen, wenn er Menschen die Lossprechung spendete.

Das alles sind nicht mehr als Vermutungen und Deutungen. Aber sie laden ein – nein: Alfons selbst lädt ein –, über die Barmherzigkeit Gottes genauso wie über die tiefe Beziehung zu Gott im Gebet nachzudenken und beide Haltungen im konkreten Leben einzuüben. So gesehen kann dieser in seinem ganzen Wesen uns manchmal fremd wirkende neapolitanische Heilige uns doch näher sein, als wir aufs Erste meinen.

LITERATURVERZEICHNIS

QUELLEN

Die Werke Alfons von Liguoris liegen in zahllosen Ausgaben vor. Für den deutschsprachigen Raum hatte über lange Zeit Standardcharakter: *Sämtliche Werke des heiligen Bischofs und Lehrers der Kirche Alphons Maria von Liguori, übersetzt von Marcus Andreas Hugues, Regensburg 1842–1847.*

Wesentlich sind neben den Schriften von Alfons auch seine Briefe, sie liegen leider auch nur in einer Übersetzung aus dem 19. Jahrhundert vor: *Briefe des heiligen Kirchenlehrers Alfons Maria von Liguori, Stifters der Kongregation des allerheiligsten Erlösers, 3 Bde., Regensburg 1893/94.*

Die wichtigsten geistlichen Schriften von Alfons liegen in ihrem Originaltext in einer bisher zehnbändigen kritischen Ausgabe vor: *S. Alfonso de Liguori, Opere ascetiche. Edizione critica, Rom 1933–1968.*

Die Schrift „Pratica di amar Gesù Cristo" wurde – wie bereits erwähnt – von Bernhard Häring übersetzt und mit einem neuen Titel versehen: *Alfons von Liguori, Jesus lieben lernen, Freiburg im Breisgau 1982.*

Ebenfalls von Bernhard Häring stammt ein Büchlein mit verschiedenen Gedanken und Betrachtungen aus dem alfonsianischen Gebetsschatz: *Alfons von Liguori, Vertrauliche Zwiesprache mit Gott. Gebete, München 1989.*

Die weltweit am meisten verbreitete Schrift von Alfons, die „Besuchungen", sind im deutschsprachigen Raum zuletzt in folgender Ausgabe erschienen: *Hl. Alfons Maria von Liguori, Besuchungen des Allerheiligsten Altarsakraments und der Gottesmutter, übersetzt von Peter Bernards, neubearbeitet von Gerhard Westerhoff, Bonn 1995.*

Eine Übersetzung des ersten Teiles der Schrift „Das große Mittel des Gebetes" beinhaltet das Buch: *Alfons von Liguori, Ist Beten notwendig? Ein Büchlein vom Gebet, dem Schlüssel aller Gnaden, übersetzt von Peter Bernards, Bonn 1961.*

Das offizielle Verzeichnis der Schriften von Alfons von Liguori findet sich in: *Maurice de Meulemeester, Bibliographie générale des Écrivains Rédemptoristes, Bd. 1, Löwen 1933.*

WEITERFÜHRENDE LITERATUR

Aus der reichhaltigen biographischen Literatur über Alfons von Liguori sind in der Gegenwart vor allem zwei große Werke von Bedeutung:

Théodule Rey-Mermet, Alfons von Liguori. Der Heilige der Aufklärung, Wien 1987.
Frederick M. Jones, Alphonsus de Liguori. The Saint of Bourbon Naples. 1696–1787, Dublin 1992.

Für die Abfassung des vorliegenden Buches waren außerdem besonders hilfreich:

Alfonso Amarante, Dio sulle tracce di un uomo. Alfonso de Liguori – una vita per l'abbondante redenzione di Cristo, Materdomini 2009.
Josef Heinzmann, Unruhe der Liebe. Alfons Maria von Liguori (1696–1787), 2. Aufl., Freiburg in der Schweiz 1984.

Aus den vielen älteren biographischen Darstellungen sind in der chronologischen Reihenfolge ihres Entstehens zu nennen:
Antonio Maria Tannoia, Della vita ed Istituto del venerabile servo di Dio, Alfonso M. de Liguori, vescovo di S. Agata de'Goti e fondatore della Congregazione de Preti Missionari del Ss. Redentore, Neapel 1798–1802, Nachdruck Materdomini 1982.
Frédéric Kuntz, Annales Congregationis SS. Redemptoris, 3 Bde., Manuskript, Rom 1882.
Pietro Luigi Rispoli, Vita del B. Alfonso de Liguori, Napoli 1834.
Carl Dilgskron, Leben des heiligen Bischofs und Kirchenlehrers Alfons Maria de Liguori, 2 Bde., Regensburg 1887.
Alois Pichler, Der heilige Alfons von Liguori. Ein Charakterbild. Regensburg 1921.
Erwin Dudel, Anwalt Gottes und der Menschen. Alfons von Liguori, Paderborn 1963.

Aus den zahlreichen Monographien, welche einzelne Aspekte des theologischen und geistlichen Schrifttums bzw. der pastoralen Praxis von Alfons behandeln, seien folgende herausgegriffen:
Bernhard Ziermann, Nervöse Seelenleiden und ihre seelsorgliche Behandlung bei Alfons von Liguori, Freiburg 1957.
Josef Michael Fischer, Volksnahe Verkündigung. Alfons von Liguori und sein Einfluss auf die Predigt in Österreich, Wien 1974.
Noel Londoño, Se entrengó por nosotros. Teologiá de la Pasión de Cristo en San Alfonso de Liguori, Rom 1997.
Otto Weiß, Deutsche oder römische Moral? Oder: Der Streit um

Alfons von Liguori. Ein Beitrag zur Auseinandersetzung zwischen Romanismus und Germanismus im 19. Jahrhundert, Regensburg 2001.

Zum kulturhistorischen und soziologischen Kontext, in dem Alfons lebte, finden sich ausführliche Angaben bei:

Giuseppe Orlandi, Il regno di Napoli nel Settecento, Rom 1996.
Peter Herrsche, Italien im Barockzeitalter (1600–1750), Wien 1999.

Für das vorliegende Buch waren zuletzt einige unselbstständige Veröffentlichungen von großem Wert, vor allem:

Rolf Decot, 250 Jahre Redemptoristen 1732–1982, in: Zur Zeit. Zeitschrift der Redemptoristen, 1987, Nr. 1, 6–15.
Hans Schermann, Auf Alfons hören, in: ebd., 40–46.
Otto Weiß, Theologie um der Seelsorge willen, in: Peter Walter, Martin H. Jung (Hg.), Theologen des 17. und 18. Jahrhunderts. Konfessionelles Zeitalter – Pietismus – Aufklärung, Darmstadt 2003, 166–180.

Verwiesen sei schließlich auf die internationale historische Zeitschrift der Redemptoristen, in welcher sich zahlreiche Studien über Leben und Werk von Alfons befinden: *Spicilegium Historicum Congr. Ssmi. Redemptoris, Rom 1952 ff. (SHCSR).* Vgl. etwa folgende Beiträge aus dieser Zeitschrift:

Gustav Scherz, Alfons von Liguori und Sören Kierkegaard, in: SHCSR 6 (1958) 407–423.
Otto Weiß, Wer war Alfons von Liguori und was wollte er?, in: SHCSR 44 (1996) 395–418.
Otto Weiß, Alfons von Liguori und seine Biographen. Ein Heiliger zwischen hagiographischer Verklärung und historischer Wirklichkeit, in: SHCSR 31/32 (1988/89) 151–284.
Hans Schermann, Person und Werk Jesu Christi in der Sicht des Hl. Alfons von Liguori, in: SHCSR 58 (2010) 281–318.